G. Fatzer / K. Rappe-Giesecke / W. Looss

QUALITÄT
UND LEISTUNG
VON BERATUNG

© 1999 Edition Humanistische Psychologie – EHP
Am Haselbusch 16, 50827 Köln

Herausgeber der Reihe: Gerhard Fatzer

Redaktion: Suzanne Legg, Andreas Kohlhage

CIP-Titelaufnahme der Deutschen Bibliothek
Fatzer, Gerhard
**Qualität und Leistung von Beratung: Supervision, Coaching,
Organisationsentwicklung** / Gerhard Fatzer / Kornelia Rappe-
Giesecke / Wolfgang Looss. - Köln: Ed. Humanist. Psychologie,
1999
(EHP-Organisation)
ISBN 3-89797-002-3
NE: 2. Verf.; 3. Verf.

Umschlagentwurf: Gerd Struwe
- unter Verwendung eines Bildes von Claudine Fessler -
Satz: WA Birkhölzer, Köln
Gesamtherstellung: H.J. Himmels Druck GmbH + Co. KG

ISBN 3-89797-002-3

Gerhard Fatzer / Kornelia Rappe-Giesecke / Wolfgang Looss

QUALITÄT UND LEISTUNG VON BERATUNG:

Supervision, Coaching, Organisationsentwicklung

Edition Humanistische Psychologie
- 1999 -

EHP - ORGANISATION

Hrsg. von Gerhard Fatzer
in Zusammenarbeit mit Wolfgang Looss und Sonja A. Sackmann

Die Autoren:

Gerhard Fatzer
Dr. phil., Leiter des Instituts für Supervision und Organisationsentwicklung TRIAS in Grüningen/Zürich (Schweiz). Bildet seit 1983 Berater aus. Gastprofessuren in Amherst, Kassel und Paris, lehrt an diversen Universitäten wie Hannover, Bern, E.S.S.E.C. (Paris), Ljubljana. Ausbildung in Organisationsentwicklung am M.I.T. (Ed Schein, Ed Nevis), Harvard (Chris Argyris), UCLA (Fred Massarik, Bob Tannenbaum) und USC (Warren Bennis). Berät Organisationen in allen deutschsprachigen Ländern, in Afrika und in den USA. Veröffentlichungen zur Gruppe, zum Lernen, zu OE und Supervision.

Kornelia Rappe-Giesecke
Prof. Dr. phil., Dipl.-Supervisorin, Professorin für Supervision und Organisationsberatung an der Zentralen Einrichtung Weiterbildung der Evangelischen Fachhochschule Hannover. Seit 1983 auch freiberuflich als Supervisorin und Organisationsentwicklerin im Profit- und Not-for-profit-Bereich tätig. In der OE-Ausbildung von TRIAS in der Schweiz als Dozentin und in Deutschland als Lehrsupervisorin engagiert. Redakteurin und Mitherausgeberin der Zeitschrift »Supervision«. Vorsitzende der Kommission für Forschung und Wissenschaft der Deutschen Gesellschaft für Supervision. Veröffentlichungen über Supervision, OE und kommunikative Sozialforschung.

Wolfgang Looss
Dr. phil., Geschäftsführender Partner von Lanzenberger/Looss/Stadelmann - einer Unternehmensberatung in Darmstadt. Coach und Berater mit weltweiter Tätigkeit. Unterrichtet bei TRIAS (Schweiz). Mitherausgeber von »EHP-ORGANISATION«. Autor des Bestsellers »Coaching für Manager«.

Inhalt

Seite

I. Teil   7
Qualität und Leistung von Beratung
(G. Fatzer)

1. Zielsetzung des Buches   7
2. Grundelemente von Veränderungen in Organisationen   11
   - Die Veränderungslandkarte von Beckhard   11
   - Die Veränderungskurve als Lernmodell   13
     von Veränderung
   - Defensive Routinen und Eingeübte Inkompetenz   18
   - Bilder der Organisation als mentale Modelle   20
3. Grundlagen von Organisationsentwicklung   21
   - Drei Grundmodelle von OE   21

II. Teil   27
Supervision -
Veränderung durch soziale Selbstreflexion
(K. Rappe-Giesecke)

1. Wurzeln der Supervision   27
2. Ziele der Supervision   30
3. Die Integration von Instruktion und Selbsterfahrung   36
   in der Supervision
4. Grenzen der Supervision   41
5. Supervisionsvarianten   44
6. Phasen des Supervisionsprozesses   55
7. Qualitätsstandards von Supervision   75

III. Teil   105
Coaching -
Qualitätsüberlegungen beim Einsatz von Coaching
(W. Looss)

    1. Was ist Coaching?   105
    2. Die Qualitätsfragen bei Beratungsprozessen   117

IV. Teil   133
Organisationsentwicklung -
Veränderung durch Entwicklung und Lernen
(G. Fatzer)

    1. Wurzeln und Grundlagen   133
       von Organisationsentwicklung
    2. Grundlegende Annahmen und Konzepte von OE   141
    3. Ziele, Methoden und Veränderungsmechanismen   149
       von OE
    4. Phasen eines OE-Prozesses   153
    5. Qualitätskriterien von OE   156
    6. OE zwischen Coaching, Supervision   170
       und Teamentwicklung
    7. Anwendungsfelder und Grenzen von OE   172

V. Teil   179
Für Sie gelesen -
Neuerscheinungen zu Qualitätsmanagement,
Supervision, Coaching und OE
(G. Fatzer)

Sach- und Personenregister   191

I. Teil
Qualität und Leistung von Beratung

1. Zielsetzung des Buches

Heutige Organisationen und deren Mitarbeiter sind durch Veränderungen herausgefordert, die im Gegensatz zu früheren Zeiten wegen ihrer Komplexität nur noch schwer vorhersehbar und steuerbar sind. Waren es früher eher Wirtschaftsorganisationen, die aufgrund ihrer Marktorientierung schnell reagieren mußten, sind es heute zunehmend auch Schulen, Verwaltungen, Spitäler, Kirchen, Gewerkschaften und soziale Institutionen, die in Turbulenzen geraten. Schlagwörter wie Schulentwicklung, New Public Management, schlanke Verwaltung, ganzheitliche Pflegekonzepte, Kundenorientierung, Qualitätsmanagement, Management von Non-Profit-Organisationen zeigen, daß immer mehr auch die in Wirtschaftsorganisationen gängigen Veränderungsansätze wie Total Quality Management (TQM), Business Reengineering oder Lernfähige Organisation übernommen und adaptiert werden.

Die Begleitung von solchen tiefgreifenden Veränderungsprozessen geschieht durch verschiedene Instrumente, die als externe und interne Dienstleistung Verbreitung finden: Supervision, Coaching von Führungskräften oder Entwicklungsbeauftragten in Organisationen, interne und externe Personalentwicklung (PE) und Organisationsentwicklung (OE).

In diesen Bereichen besteht ein großer Informationsbedarf für Auftraggeber-Organisationen oder Führungsverantwortliche. Wie können diese Dienstleistungen beschrieben werden? Was sind ihre Möglichkeiten, wo liegen ihre Grenzen? Wie sehen typische Prozesse von Supervision, Coaching und Organisationsentwicklung/Personalentwicklung aus?

Da es sich um stark personenorientierte Dienstleistungen handelt: Wie könnten die wünschenswerten Eigenschaften eines Supervisors, Coachs, Personal- oder Organisationsentwicklers beschrieben werden? Wovor ist zu warnen oder abzuraten? Wie ist die Qualität von Beratung und Veränderung einzuschätzen? Wie können diese Kernkompetenzen erworben und vom Auftraggeber eingeschätzt werden? Eine der Schwierigkeiten für den Auftraggeber besteht darin, daß er sich auf eine schwer beschreibbare Dienstleistungsbeziehung einläßt und dabei Risiken eingeht.

Die Dienstleistungen Supervision, Coaching, Organisationsentwicklung und zum Teil auch Personalentwicklung erleben zur Zeit aufgrund des massiven Veränderungs- und Entwicklungsbedarfs der meisten Organisationen einen großen Aufschwung. Dies hat natürlich zur Folge, daß Information und Qualitätbeurteilung für die Kunden oder Auftraggeber wichtig ist.

Trotz einer stark zunehmenden Menge von Fachliteratur fehlen solche Aufklärungsschriften weitgehend. Manche von ihnen sind auch zuwenig neutral, da sie allenfalls das Gütesiegel einer entsprechenden Berufs- oder Dachorganisation tragen, mit der Gefahr, daß deren Mitglieder unkritisch als qualifiziert angepriesen werden. Die Qual der Wahl in einer derart personenorientierten Dienstleistung kann auch schwerlich durch Mitgliederverzeichnisse einer Berufsorganisation erfüllt werden. Auf der anderen Seite ist auch die reine Mundpropaganda für Beraterinnen oder Berater nicht unproblematisch. Viele Auftraggeber - Führungskräfte, Entscheidungsträger, Gremien oder ganze Organisationen - haben oftmals wenig Vorerfahrung mit solchen Dienstleistungen. Die Berater ihrerseits können häufig ihr Angebot - Supervision, Coaching oder Organisationsentwicklung - nur schwer objektiv beschreiben, zumal man vieles erst über das Erleben beurteilen kann.

Andererseits sind viele Veränderungs-, Entwicklungs- oder sogar Krisenprozesse in Organisationen zu delikat und zu vital für den Auftraggeber, als daß man diese dem Zufall oder der unsachgemäßen Begleitung überlassen sollte. Organisationen stehen also vor der schwierigen Aufgabe, als Personen oder System mit turbulenten Veränderungsanlässen konfrontiert zu sein, die extrem viel Angst und Unsicherheit auslösen und gleichzeitig eine gewisse Sicherheit in der Auswahl von Begleitern oder Beratern entwickeln zu müssen.

Wir möchten hier - jeder aus der Sichtweise einer Disziplin dieser Dienstleistungen - beschreiben, wie die verschiedenen Interventionsformen Supervision - Coaching - Organisationsentwicklung aus externer oder interner Position entstanden sind, welche Merkmale sie auszeichnen, welche Formen und Zielgruppen, welche Fragestellungen und welche Kontexte sie umfassen, wodurch sich qualitativ gute und schlechte Beratung oder Berater auszeichnen, welche Ausbildungsmöglichkeiten existieren und welches die Grenzen der Beratungsformen sind.

Das Buch ist gedacht als Leitfaden und Ratgeber in einem immer wichtiger, aber unübersichtlicher werdenden Feld von Dienstleistungen. Es zeigt überdies auch einige der Entstehungszusammenhänge des ganzen Feldes Beratung und Supervision, Coaching und Organisationsentwicklung auf. Wir sind dankbar für Rückmeldungen aus dem Bereich der Kunden und Leser und haben den Dialog mit den Kunden bereits in einigen Konferenzen begonnen.

In einem ersten Schritt möchten wir einführen in Grundelemente der Beratung und Entwicklung von Personen und Systemen, was in Form von »Landkarten der Beratung und der Veränderung« dargestellt werden soll. Landkarten sind »mentale Modelle« (im Sinne von Peter

Senges »Fünf Disziplinen«) und dienen sowohl dem Berater/der Beraterin als auch dem »Klientensystem« oder »Kunden« (Auftraggeber) als kognitive und emotionale Orientierung. Landkarten und mentale Modelle sind nützlich, da sie der Komplexität von Organisationen und Systemen entgegenkommen und »Komplexitäts-Reduktionen« ermöglichen. Sie machen unübersichtliche, manchmal verwirrende und desorientierende Prozesse verstehbar. Genauso wie wir auf einer Reise durch unbekanntes Gebiet Landkarten brauchen, sind »Landkarten der Veränderung und Entwicklung« hilfreich.

Ein solches Buch kann nur unter Mithilfe verschiedener Kolleginnen und Kollegen entstehen. Ich danke Suzanne Legg, Andreas Kohlhage, Maria Michels-Kohlhage und Milan Sreckovic vom Verlag; weiter danke ich allen Kolleginnen und Kollegen vom Trias-Staff, die mit mir zusammen unsere Ausbildungen und firmeninternen Projekte durchführen und die Qualitätsdiskussion vorantreiben: Gerhard Bartsch-Backes, Mechtild Beucke-Galm, Sylvia Böcker-Kamradt, Gabriela Belz, Christoph Epprecht, Peter Hinnen, Karl Heinz Holtmann, Rudolf Karlen, Theres Keller, Brigitta Marti-Kunz, Werner Pfeiffer, Jane Salk, Sabine Stadelmann, Franck Wolff und dann für die guten Impulse von Michael Loebbert von der GOE Südwest. Extrem wichtig sind unsere langjährigen Kontakte zu amerikanischen Kollegen, insbesondere zu Edgar Schein vom M.I.T., Bill Isaacs von Dialogos und dem Dialogue Project am M.I.T., Claus Otto Scharmer und George Roth von SOL am M.I.T., Peter Senge, zu unserem Begleiter und Modellbauer David Kantor in Boston, zu Christina Harris, Chris Argyris in Harvard, Diana Smith und natürlich zu unserem langjährigen Freund und Mentor Fred Massarik von UCLA – »just to name a few«. Speziell zu erwähnen sind mein Sohn Simon mit seinem spezifischen Talent für Computer und Nintendo, der mir auch die nötige Ablenkung und Entspannung mit anderen Medien schmackhaft machen kann, und meine Frau Claudine Fessler, die auch dieses Mal wieder die Umschlagillustration beigesteuert hat.

2. Grundelemente von Veränderungen in Organisationen

Die Veränderungslandkarte von Beckhard

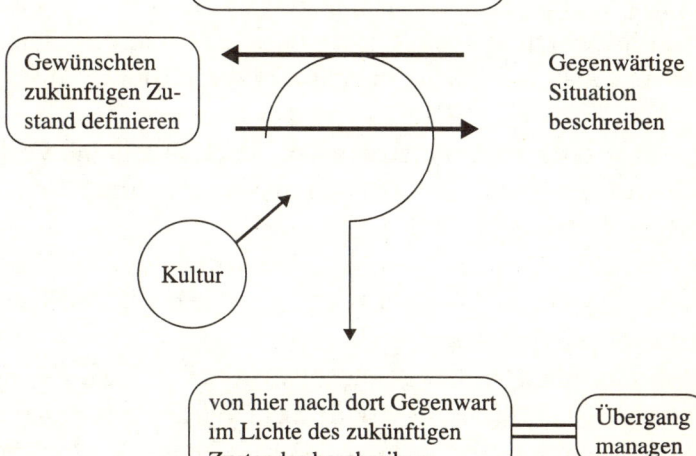

VERÄNDERUNGSPROZESS IN ORGANISATIONEN

LANDKARTE DES VERÄNDERUNGSPROZESSES

WARUM VERÄNDERUNG?

– Notwendigkeit für Veränderung bestimmen
– Ausmass an Wahlmöglichkeiten

Gewünschten zukünftigen Zustand definieren

Gegenwärtige Situation beschreiben

Kultur

von hier nach dort Gegenwart im Lichte des zukünftigen Zustandes beschreiben

Übergang managen

Abb. 1: Landkarte 1: Die Veränderungslandkarte von Beckhard
(nach: Beckhard 1969/1987, ergänzt von Schein 1987)
© TRIAS/Fatzer 1999

In dieser Landkarte wird der notwendige Weg einer Beratung, eines Veränderungs- oder Entwicklungsprozesses aufgezeigt, egal, ob es sich um Supervision, Coaching oder Organisationsentwicklung (im folgenden OE) handelt.

Wichtig dabei ist, daß jedes Element beachtet und jede Frage beantwortet werden sollte:

1. Was ist der Problemanlaß? Was ist das »business problem« oder »presenting problem« (Präsentierproblem)?
2. Warum Veränderung? Was ist ein möglicher Veränderungs- oder Entwicklungsanlaß?
3. Ist-Zustand des Systems?
4. Soll-Zustand des Systems?
5. Bestehende Organisations- oder Teamkultur? (Ergänzung von Schein 1987)
6. Differenz (im Sinne der Systemtheorie von Bateson: »Information entsteht in der Differenz«), Graben oder Kräftefeld (im Sinne der »Kräftefeldanalyse« und der »Feldtheorie« von Kurt Lewin)?

Diese »Landkarte der Veränderung«, die Beckhard für die Veränderung von großen Systemen oder Organisationen entworfen hat, gilt für Supervision, Coaching und OE.

Berater oder Kunden haben eingewendet, daß diese Landkarte vereinfachend sei, aber sie zeigt alle wichtigen Elemente oder Stationen eines Entwicklungsprozesses auf.

Trotz der äußeren Einfachheit enthält sie wichtige Fragestellungen, die bei vielen Veränderungsprojekten nicht genügend berücksichtigt wurden. Was zum Beispiel ist der wirkliche oder tiefere Anlaß für die Veränderung? Viele Auftraggeber, ob Betroffene oder Beteiligte, können diese Frage nicht beantworten. Dies äußert sich als ungeklärte und diffuse Veränderungsenergie in einem Projekt. Viele TQM- oder KVP-Projekte sind deswegen gescheitert.

Wie sieht die Differenz zwischen Ist- und Soll-Zustand aus? - eine ursprünglich aus der Kybernetik stammende Fragestellung, die sich in den Worten von Kurt Lewin als Kräftefeld der Veränderung äußert. Wichtige Ergänzung ist die oft sträflich vernachlässigte Frage, wie die vorliegende Kultur aussieht. Dies ist eine Frage, die bei vielen Fusionen oder Joint Ventures zuwenig berücksichtigt wird.

Diese erste Landkarte dient vor allem der Orientierung der Berater und der Kunden und kann auch als »kognitiver Rahmen« für die Darstellung eines Veränderungsprozesses benutzt werden. Wir verwenden dieses »mentale Modell« mit viel Erfolg in unseren unterschiedlichsten Coaching-, OE- oder Organisationstransformationsprozessen und unterscheiden uns auch dadurch von anderen Beratergruppen, daß wir dem Auftraggeber das Recht auf umfassende Orientierung in einem emotional schwierigen Umfeld geben. Durch den Check-up der verschiedensten Stationen wird auch klar, wieviel Veränderungs- oder Widerstandsenergie in der Auftraggeber-Organisation vorhanden ist. Zum Feststellen dieser Veränderungsenergie existieren Vorgaben von Befragungen, die wir hier aus Platzgründen nicht ausführlich darstellen können. Das Modell ist natürlich ein systemisches Modell und zeigt alle Elemente als interdependente Teile eines guten und vollständigen Veränderungsprozesses .

Die Veränderungskurve als Lernmodell von Veränderung

Eine zweite wichtige Landkarte ist von englischen Kollegen entwickelt worden (Chapman/Jupp 1992) und zeigt den emotionalen Verlauf eines Veränderungs- oder Entwicklungsprozesses in Form einer Lernkurve. Sie zeigt die wichtigsten und typischen Stationen oder auch Krisen in Entwicklungsprozessen und trifft sowohl auf Coaching-Prozesse bei Einzelpersonen, auf Teams als auch auf Gesamtsysteme zu.

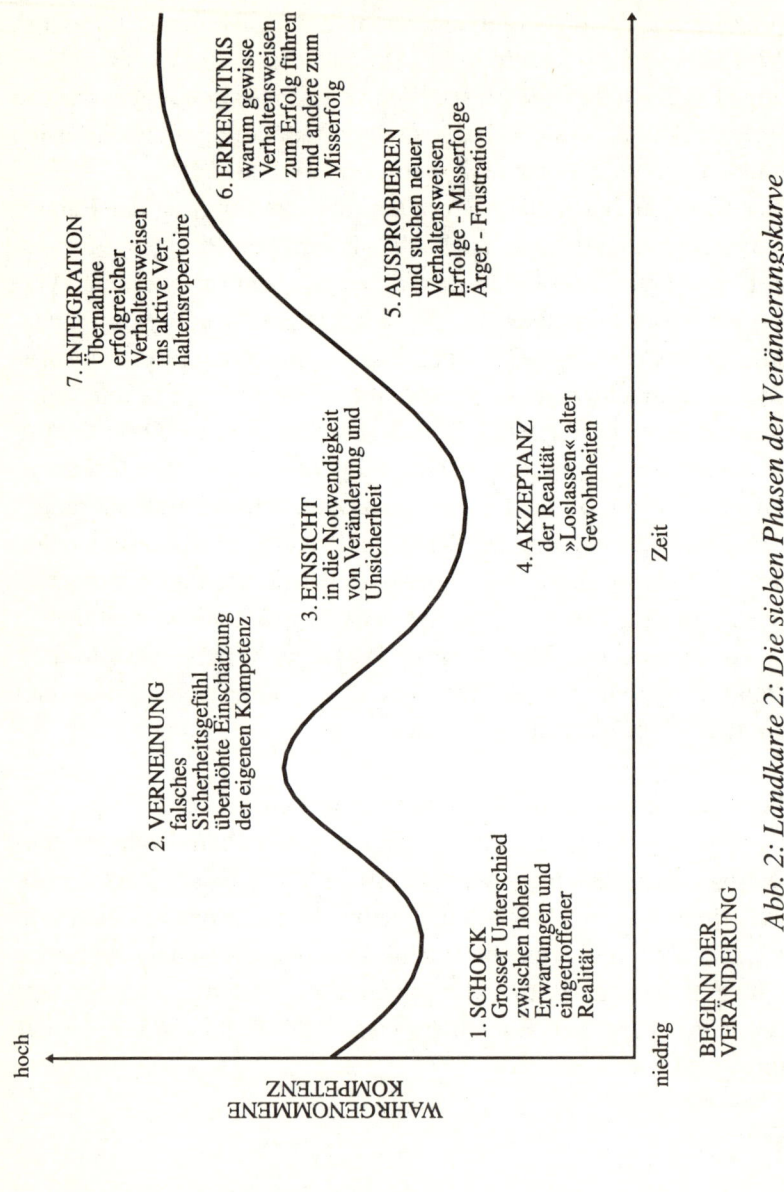

WAHRGENOMMENE KOMPETENZ

hoch

niedrig

2. VERNEINUNG
falsches
Sicherheitsgefühl
überhöhte Einschätzung
der eigenen Kompetenz

7. INTEGRATION
Übernahme
erfolgreicher
Verhaltensweisen
ins aktive Ver-
haltensrepertoire

3. EINSICHT
in die Notwendigkeit
von Veränderung und
Unsicherheit

6. ERKENNTNIS
warum gewisse
Verhaltensweisen
zum Erfolg führen
und andere zum
Misserfolg

1. SCHOCK
Grosser Unterschied
zwischen hohen
Erwartungen und
eingetroffener
Realität

4. AKZEPTANZ
der Realität
»Loslassen« alter
Gewohnheiten

5. AUSPROBIEREN
und suchen neuer
Verhaltensweisen
Erfolge - Misserfolge
Ärger - Frustration

Zeit

BEGINN DER
VERÄNDERUNG

Abb. 2: Landkarte 2: Die sieben Phasen der Veränderungskurve
© *Fatzer, OE für die Zukunft (EHP 1993)*

14

Die einzelnen Phasen können folgendermaßen beschrieben werden:

Phase 1: Schock

Die erste Phase beschreibt die Erfahrung, zum ersten mal mit der neuen Situation konfrontiert zu sein. Eines der deutlichsten Beispiele ist der Wechsel in eine neue Position, die sich wesentlich von der vorherigen unterscheidet. Die Reaktion auf die neue Situation wird oft als Schock beschrieben. Sie könnte ebensogut als Überraschung oder manchmal auch als Panik bezeichnet werden. Schock oder Überraschung sind häufige Reaktionen, wenn die Erwartungen einer Person bezüglich der neuen Situation nicht erfüllt werden. Es gibt immer gewisse Unterschiede zwischen den Überlegungen einer Person, wie die neue Situation sein wird und wie sie dann tatsächlich ist. Ist der Unterschied zwischen Erwartungen und eingetroffener Wirklichkeit extrem groß, kann die Person wie »gelähmt« werden - sie ist plötzlich außerstande, Pläne zu machen oder logisch zu argumentieren. Dies erweckt dann oft den Eindruck, daß sie unfähig ist, mit der Situation zurechtzukommen und entsprechend zu handeln. Die vertikale Achse ist wichtig, da die Gefühle einer Person, die sie bezüglich ihrer Effektivität bei der Arbeit hat, stark mit ihrer tatsächlichen Leistung zusammenhängen.

Phase 2: Verneinung

Nach dem Schock der 1. Phase kommt die Phase 2, die mit Verneinung beschrieben wird. In dieser Phase hat das Gefühl, kompetent zu sein und mit der Situation fertig werden zu können, zugenommen. Die Person oder das Team redet sich ein, daß sich die neue Situation nicht wesentlich von der alten unterscheidet. Viele Führungskräfte erklären ihre Beförderung mit ihrem früheren Erfolg, und sie sind der festen Überzeugung, daß sie ihre Praktiken, die in der alten Rolle zum Erfolg geführt haben, nur wiederholen müssen. Dieser Punkt ist der schwierigste in der Veränderungskurve, da er oft eine Weiterentwicklung verhindert. Personen verneinen hier, daß sie irgendetwas anders machen müssen. In der Kurve ist angezeigt, daß die Selbsteinschätzung der eigenen Fähigkeiten/Kompetenz zugenommen hat. Dies beruht auf der Verneinung, daß jegliche Art von Veränderung überhaupt notwendig ist, daß nichts anders gemacht werden muß und daß die neue Situation nur eine Wiederholung von früher einmal erfolgreichen Verhaltensweisen erfordert. Die einzige Möglichkeit, von diesem Punkt 2 wegzukommen, ist durch eine bewußte persönliche Entscheidung. Die Phase der Verneinung erklärt z.T. auch die Existenz sogenannter »Dinosaurier«-Organisationen, die nie ihre einmal bewährten Praktiken und Methoden ändern und die Notwendigkeit für jede Art von Veränderung abstreiten.

Phase 3: Einsicht

Diese Phase wird die Phase der Einsicht genannt, wobei die Einsicht in die eigene Unfähigkeit am wichtigsten ist. Diese Unfähigkeit betrifft nicht die gesamte Arbeit, sondern nur Teilbereiche. Man wird sich spezifischer Bereiche bewußt, in denen man noch nicht das wünschenswerte Niveau an Fertigkeiten/Kompetenz erreicht hat. In dieser Phase treten häufig Frustrationsgefühle auf. Dabei ist die Ursache für diese Gefühle meistens die eigene Verwirrung und Unsicherheit darüber, wie man nun mit dem Veränderungsprozeß fertig werden soll. Man weiß z.B. nicht, wie man in den Teilbereichen, in denen man Defizite entdeckt hat, kompetenter und leistungsfähiger wird.

Phase 4: Akzeptanz

Der niedrigste Wert bezüglich der Einschätzung eigener Fähigkeiten liegt bei Phase 4. Hier wird die Realität der neuen Situation endlich akzeptiert. Die neue Situation erfordert die Entwicklung von noch nicht bekannten oder unterentwickelten Fertigkeiten und Fähigkeiten einer Person. Hier muß man auch liebgewonnene und gewohnte Einstellungen und Verhaltensweisen z.T. »loslassen«, da diese zwar früher angemessen waren, es in der neuen Situation aber nicht mehr sind. In dieser Phase ist man häufig auch deprimiert und frustriert, da man noch nicht weiß, wie man aus dieser unangenehmen Lage wieder herauskommt. Sie ist eine Experimentierphase, in der man lernt, wie man auch sonst noch an Probleme herangehen und sie in neuer Weise lösen kann. In dieser Phase werden neue Fähigkeiten und Fertigkeiten entwickelt - einschließlich eines neuen Führungsverhaltens.

Phase 5: Ausprobieren

Auf der Ebene von Organisationen ist diese Phase bezüglich organisatorischer Veränderungen äußerst wichtig. Genau in dieser Phase müssen Organisationen, die signifikante Veränderungen erleben, neue Praktiken, Verhaltensweisen und Techniken einführen und praktizieren. In dieser Phase werden z.B. neue Strategien umgesetzt. So beschreiben auch Peters und Waterman in ihrem Buch »Auf der Suche nach Spitzenleistungen« diese Phase. In ihrer Untersuchung erfolgreicher amerikanischer Firmen fanden die Autoren heraus, daß diese Firmen ihren Mitarbeitern beispielsweise Freiräume zum Experimentieren und Ausprobieren geben. Führungskräfte haben in diesen Unternehmen das Gefühl, die Möglichkeit zu haben, neue Techniken und Methoden innerhalb ihres Arbeitsbereiches auszuprobieren, ohne Angst, bei Mißerfolg bestraft zu werden.

Phase 6: Erkenntnis

Wenn eine Person nun die Gründe für ihren Erfolg oder Mißerfolg in der Phase 5 erfährt und verstehen lernt, bewegt sie sich zur Phase 6 weiter. Diese Phase wird Erkenntnis genannt. Hier gewinnt man Erkenntnisse und Verständnis dafür, warum bestimmte Verhaltensweisen zum gewünschten Erfolg geführt haben und warum sie gelegentlich ineffektiv waren und sind.

Phase 7: Integration

Die letzte Phase der Veränderungskurve heißt Integration. In dieser Phase werden die Verhaltensweisen, die in der Phase 5 bei der Lösung bestimmter Probleme erfolgreich waren, in das aktive Verhaltensrepertoire übernommen, sie werden »in Besitz genommen«. Man fühlt sich in dieser Phase wesentlich kompetenter als am Ausgangspunkt der Veränderungskurve (zu Beginn der Phase 1).

Eine Aussage, die Führungskräfte immer wieder gemacht haben, ist die, daß die leistungsfähige und gute Führungskraft aus ihren eigenen Erfahrungen lernt. Die Veränderungskurve ist ein Modell, das die dem Lernen und der Weiterentwicklung zugrundeliegenden Prozesse erklären hilft. »Hochflieger« sind z.B. Leute, die sehr schnell die Karriereleiter hochsteigen. Solche Menschen verstehen vermutlich, daß neue Situationen neue und vielleicht sogar untypische Reaktionen und Verhaltensweisen erfordern. Die Akzeptanz einer neuen Situation fördert das schnelle Durchlaufen der Phase 4 zur Phase 5, in der dann Ausprobieren und Experimentieren erfolgt.

Spannend an dieser Lernkurve ist, daß sie auch Krisen, Widerstände (oder hier Blockierungen) und Rückschläge von Lern-, Veränderungs- und Entwicklungsprozessen umfaßt.

Defensive Routinen und Eingeübte Inkompetenz

Eine nächste und dritte Landkarte hilft, Kommunikationsmuster oder systemische Schleifenprozesse in Veränderungsprojekten zu entziffern. Ein weiterer der Mitbegründer der Organisationsentwicklung, nämlich Chris Argyris aus Harvard, ein Schüler Lewins, hat sich ein ganzes Forscher- und Beraterleben lang mit der Frage beschäftigt, wie Lernen und Kommunikation in Entwicklungsprozessen abläuft oder behindert wird. Er hat dabei in Anlehnung an Gregory Bateson von Mustern des Nicht-Lernens gesprochen, die unbewußt und nicht-intendiert sind. Daraus ist das Konzept oder die »Landkarte« der

Defensiven Routinen und Eingeübten Inkompetenz entstanden (siehe Argyris 1993).

Die Defensiven Routinen sind Kommunikationsmuster von Individuen, Teams oder ganzen Organisationen, die »Schleifenprozesse« umfassen, die nach folgenden Regeln funktionieren:

Eingeübte Inkompetenz
(Chris Argyris 1993)

Jegliche Handlung oder Politik, die Menschen vor negativen Ueberraschungen, Gesichtsverlust oder Bedrohungen bewahrt und gleichzeitig die Organisation daran hindert, die Ursachen ... zu reduzieren. Organisationsbezogene Abwehrroutinen sind lernwidrig und protektionistisch.

Führungskräfte senden **gemischte Botschaften** (nach 4 Regeln)

1. **Entwirf eine Botschaft, die ganz klar zweideutig und ganz präzis unpräzis ist.**

    z.B. Sei innovativ und risikofreudig, aber sei vorsichtig, dass Du andere nicht gegen Dich aufbringst.

2. **Handle so, als sei die Botschaft nicht widersprüchlich.**

3. **Stelle die Zweideutigkeit und Widersprüchlichkeit der Botschaft als undiskutierbar hin.**

4. **Enthebe die Undiskutierbarkeit des Undiskutierbaren ebenso jeder Diskussion.**

Individuen folgen immerzu diesen vier Regeln und tun dies fast unbewusst. Die geschickte Anwendung gemischter Botschaften führt zu einer Kette unbeabsichtigter und gegenläufiger Konsequenzen (»self sealing processes«).

Abb. 3: Landkarte 3: Defensive Routinen
(Definition in: Fatzer 1993, 132)
© Fatzer, 1999

Als nächste Landkarte zeigen wir ein Modell, das hilft, Denken und Bilder von Menschen in Organisationen zu illustrieren und zu entziffern.

Bilder der Organisation als mentale Modelle

Gareth Morgan hat 1986 in dem Klassiker »Images of organizations« die Bedeutung von Metaphern oder inneren Bildern im Management und in der Führung dargestellt. Er zeigt darin auf, daß diese Organisationsmetaphern die Sprache, die Kultur, die Symbolik und die Führungsmodelle beeinflussen. Sie sehen folgendermaßen aus:

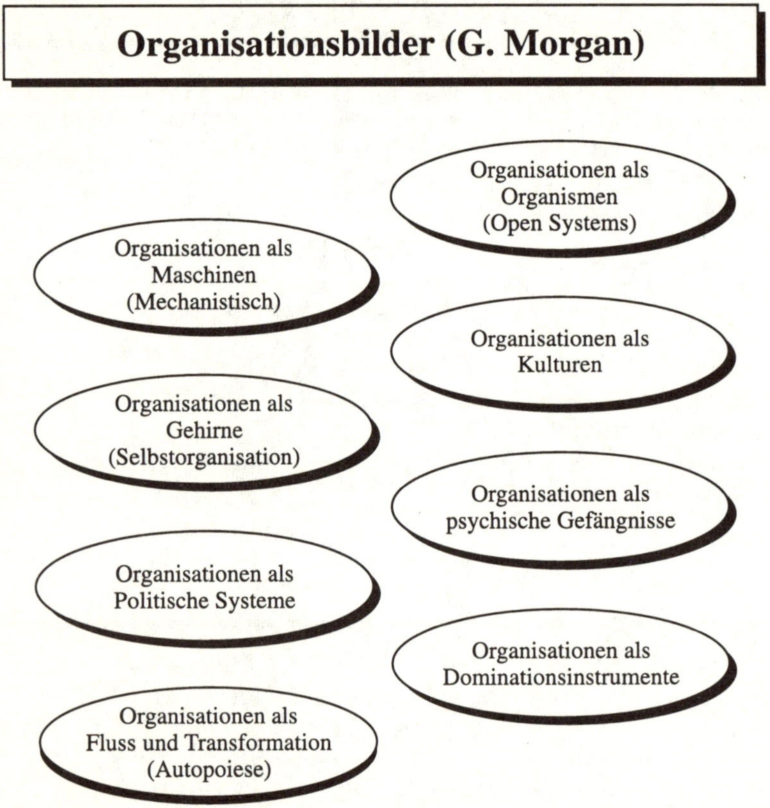

Organisationsbilder (G. Morgan)

Organisationen als
Organismen
(Open Systems)

Organisationen als
Maschinen
(Mechanistisch)

Organisationen als
Kulturen

Organisationen als
Gehirne
(Selbstorganisation)

Organisationen als
psychische Gefängnisse

Organisationen als
Politische Systeme

Organisationen als
Dominationsinstrumente

Organisationen als
Fluss und Transformation
(Autopoiese)

Abb. 4: Landkarte 4: Organisationsbilder
(nach Morgan, 1986, 1997)
© Fatzer, 1999

Organisationsbilder dienen als Grundlage, die Kultur einer Organisation oder eines Teams zu entziffern. Sie zeigen auf, daß Menschen lernen, Veränderung und Entwicklung zu Metaphern zu verdichten; dies tun sie auch mit der Organisation, die eigentlich ein menschliches Konstrukt darstellt. Wenn man in einem gemeinsamen Entzifferungsprozeß aufgezeigt hat, mit welchen Metaphern Menschen ihre Organisation beschreiben und wahrnehmen, läßt sich eine gemeinsame Sprache und Kultur der Organisation leichter entwickeln.

Als letzte Orientierung oder »Landkarte« möchten wir noch die klassische Differenzierung in drei Grundmodelle von Beratung und Veränderung von Ed Schein vorstellen - einem weiteren Begründer des OE-Feldes und Mentor des TRIAS-Instituts.

3. Grundlagen von Organisationsentwicklung

Drei Grundmodelle von Organisationsentwicklung

Ed Schein (1993) hat die mittlerweile klassisch gewordene Unterscheidung von Expertenberatung, Arzt-Patient-Beratung und Prozeßberatung eingeführt. Wie wird der Berater von der Klientenorganisation eingesetzt, und in welcher Rolle kann er sie hilfreich unterstützen und lernfähig machen? Die nächste Abbildung (s.a. Fatzer 1990) zeigt die Grundannahmen und die psychologischen Mechanismen, die hinter diesen drei Grundmodellen von OE stehen. Sie können dazu dienen, die Analyse der Anfrage genau zu präzisieren.

Drei Grundmodelle von Organisationsberatung
(nach Ed. H. Schein, 1987)

	Grundmodell (was ist es)	Grundannahmen, Voraussetzungen (... daß es funktioniert)
1.	**Beratung als *Beschaffung* von *Information* und *Professionalität*** Der *Klient weiß,* - *was das Problem* ist; - welche *Lösung* benötigt wird; - *woher* die Lösung kommen kann. Der Berater beschafft die benötigten Informationen und erarbeitet die Lösungen.	a. Klient hat das *Problem* richtig *diagnostiziert.* b. Klient hat Professionalität bzw. Spezialistentum des *Beraters* richtig *beurteilt.* c. Klient hat Problem und welche Art Lösung benötigt wird, richtig *kommuniziert.* d. Klient hat die *Konsequenzen* der Informationsbeschaffung bzw. der verlangten Lösung durchgedacht und akzeptiert.
2.	**Beratung im Rahmen der Arzt-Patient-Hypothese** • Der *Klient* spürt bzw. leidet unter bestimmten Unzulänglichkeiten oder Problemen, deren *Ursachen* sowie mögliche *Lösungsansätze* ihm aber unbekannt sind. • Der *Berater* übernimmt die Verantwortung für eine richtige *Diagnose* (Erfassung) des Problems und dessen angemessener *Lösung.* • Klient ist abhängig vom Beratungsprozeß bis zur Lösungsfindung.	a. Der *Diagnoseprozeß* selbst wird als nützlich und hilfreich angesehen. b. Der Klient hat die *Symptome* (Indikatoren) richtig interpretiert und den *Bereich*, in welchem das Problem auftritt, richtig lokalisiert. c. Der indizierte *Problembereich* (Person oder Gruppe) gibt die notwendigen Informationen für eine zutreffende Diagnose; er manipuliert nicht, sondern ist kooperativ. d. Klient *versteht* die Diagnose und den Lösungsvorschlag des Beraters richtig und ist bereit, ihn *anzuwenden.* e. Klient kann nach der Beraterintervention allein wunschgemäß weiter funktionieren.

3.	Das Prozeß-Beratungs-Modell (Process-Consultation)	a. Klient spürt Wunsch nach Veränderung (Problembewußtsein) hat aber das Problem nicht im Griff (Ursache - Lösung).

3. **Das Prozeß-Beratungs-Modell (Process-Consultation)**

a. Klient spürt Wunsch nach Veränderung (Problembewußtsein) hat aber das Problem nicht im Griff (Ursache - Lösung).

b. Klient kennt Möglichkeiten der Lösung nicht oder nur unzureichend; dies auch bezüglich der Frage, *wer* ihm helfen könnte.

c. Das Problem ist so beschaffen, daß der Klient nicht nur jemanden braucht, der die Problemursachen und -lösungen herausfindet, sondern daß der Klient durch die aktive Teilnahme am Diagnoseprozeß profitiert.

• Der *Klient* hat das *Problem* und behält während des ganzen Beratungsprozesses die volle Verantwortung dafür.

• *Berater hilft* dem Klienten, die prozesshaften Ereignisse seiner Umwelt *wahrzunehmen*, richtig zu interpretieren und zu *verstehen* und ihnen angemessen zu begegnen (handeln).

• Stärkstes *Involvement* (Betroffen- und Beteiligtsein) des Klienten sich selber zu helfen und vermeidet, vom Klienten in eines der vorangehenden Modelle gebracht zu werden.

d. Klient hat »konstruktive« Absichten; er ist durch Ziele und Werte motiviert, die der Berater akzeptieren kann und ist in der Lage, eine sog.»helfende Beziehung« einzugehen.

e. Der Klient ist letztlich der einzige, der wirklich weiß, welche Interventionsform für ihn jetzt hilfreich ist. Er kontrolliert also die Situation.

f. Der Klient ist fähig zu lernen, wie er seine Organisationsprobleme erkennen und lösen kann.

Abb. 5: Landkarte 5: Drei Grundmodelle von Organisationsberatung (nach Schein, 1987)
© *Fatzer, 1997, 1998*

Literatur

Antons, K. Angewandte Gruppendynamik, Göttingen, Hogrefe, 1980

Argyris, Ch. Defensive Routinen, in: Fatzer 1993

ders. Eingeübte Inkompetenz, in: Fatzer 1993

ders. Wenn gute Kommunikation das Lernen verhindert, in: Fatzer 1996

ders. Wissen in Aktion, Stuttgart, Klett Cotta, 1997

Beckhard, R. Organizational transitions,. Reading, Addison Wesley, 1987

ders. Changing the essence, San Francisco, Jossey Bass 1996

Bennis, W. Führungskräfte, Frankfurt, Campus 1995

ders. Führung lernen, Frankfurt, Campus 1996

Block, P. Erfolgreiche Beratung, Frankfurt, Campus 1997

Bradford, L. et al. Sensitivity Gruppen, Stuttgart, Klett Cotta, 1965

Brown, G.I.; Merry, U. Neurotic Behavior of organizations, Cleveland, GIC Press 1992

Burke, W. W. Gestalt, OE und Systemtheorie, in: Gruppendynamik 4, 1983

ders. Organization Development, Reading, Addison Wesley, 1987

Fatzer, G. (Hg.) Supervision und Beratung, Köln, EHP, 1990 (8. Aufl. 1998)

ders. (Hg.) Organisationsentwicklung für die Zukunft, Köln, EHP, 1993 (3. Aufl. 1999)

ders. (Hg.) OE und Supervision, Trias Kompaß 1, Köln, EHP, 1996 (2. Aufl. 1999)

ders.; Jansen H.H. Gruppe als Methode, Weinheim, Beltz, 1980

ders. Neue Entwicklungen der OE in den Vereinigten Staaten, in: Gruppendynamik 4, 1983

ders. Systemdenken als neues Paradigma der Arbeit mit Organisationen, in: Gruppendynamik 1, 1990a

ders. Ganzheitliches Lernen, Paderborn, Junfermann 1987 (5. neub. A. 1998) *ders.; Marsick, V. (Hg.)* Lernende Organisation - Mythos oder Realität. Trias-Kompaß 3, Köln, EHP, 1999a

ders. Lernende Organisation - Mythos oder Realität. In: Hernsteiner 4, 1997

ders. et al. (Hg.) Schulentwicklung als Organisationsentwicklung. Trias-Kompaß 2, Köln, EHP, 1999b

ders. Gestaltansatz der Organisationsberatung: Kurt Lewin und Fritz Perls, in: Fuhr, R.; Sreckovic, M.; Gremmler-Fuhr, M. (Hg.): Handbuch der Gestalttherapie, Göttingen, Hogrefe, 1999d

ders.; Massarik, F. Von der Gruppe zur Organisation: Das Vermächtnis von Kurt Lewin, Köln, EHP, 1999c (i.V.)

Herman, S.; Korenich, H. Authentic management, Reading, Addison Wesley, 1977

Herman, S. A Force of Ones, San Franzisco, Jossey Bass, 1994

Lewin, K. Lösung sozialer Konflikte, 1947

Lippitt, G. und L. Beratung als Prozess, Goch, Bratt 1980

Looss, W. Coaching für Manager (neu: Unter vier Augen), Landsberg, Mod. Industrie, 1991 (neu: 1997)

Massarik, F. The Legacy of Kurt Lewin, NTL Proceedings, 1997

Morgan, G. Bilder der Organisation; Stuttgart, Klett Cotta, 1997

ders. Imaginization, Stuttgart, Klett Cotta, 1997

Nevis, E. Gestalt Awareness Prozess und Organisationsdiagnose, in: Gruppendynamik 4, 1983

ders. Organisationsberatung - ein Gestaltansatz, Köln, EHP, 1988 (3. A. 1998)

ders. Intentional revolutions, San Francisco, Jossey Bass, 1996

ders.; di Bella, T. How organizations learn, San Francisco, Jossey Bass 1997

Owen, H. Open space, San Francisco, Berrett und Kohler, 1992

Rappe-Giesecke, K. Supervision, Berlin, Springer 1990 (2. A. 1994)

dies.; Giesecke, M. Supervision als Medium der Sozialforschung, Frankfurt, Suhrkamp, 1997

Sackmann, S. Cultural knowledge in organizations, Sage, 1991

Schein, E.H. Process consultation, Bd. 1, Reading, Add. Wesley, 1987

ders. Process consultation, Bd. 2, Reading, Add. Wesley, 1988

ders. Organisationsberatung, in: Fatzer 1990

ders. Unternehmenskultur, Frankfurt, Campus 1992 (or. 1985)

ders. Karriereanker, Frankfurt, LaLoSta, 1992

ders. Überleben im Wandel, Frankfurt, LaLoSta, 1994

Senge, P. Fünfte Disziplin, Stuttgart, Klett Cotta, 1996

Senge, P. et al. Fieldbook zur fünften Disziplin, Stuttgart, Klett Cotta, 1996

Weisbord, M. Future conference, San Francisco, Berrett Kohler, 1992

Wheeler, G. Kontakt und Widerstand, Köln, EHP, 1994

Zinker, J. Gestalttherapie als kreativer Prozess, Paderborn, Junfermann 1982

II. Teil
Supervision
Veränderung durch soziale Selbstreflexion

1. Wurzeln der Supervision

Supervision ist heute eine in vielen Feldern und Organisationen verbreitete Form berufsbezogener Beratung. Ihre Anfänge liegen in den 60er Jahren des letzten Jahrhunderts in Amerika, wo in den großen Wohlfahrtsverbänden sogenannte »paid agents« die Aufgabe hatten, ehrenamtliche MitarbeiterInnen beratend bei ihrer Arbeit mit Hilfebedürftigen zu begleiten und gleichzeitig deren Arbeit zu kontrollieren, so z.B. die Vergabe von Mitteln.[1] Diese beiden Funktionen, nämlich die **administrative** und die **fachlich beratende,** differenzierten sich dann Ende des Jahrhunderts in die der »administrative supervisors« und die der »educational supervisors« aus - eine Unterscheidung, die im amerikanischen not-for-profit-Sektor noch heute gängig ist und in manchen Modellen des Mitarbeitercoachings durch Vorgesetzte bei uns wieder aufgegriffen wird.

Die Funktion des administrativen Supervisors prägt noch heute im amerikanischen und im angelsächsischen Raum und damit auch bei uns im Profitbereich das Verständnis von Supervision. Der Supervisor in diesem Sinne bezeichnet eine Managementfunktion. Seine Aufgabe ist es, das Erreichen vorgegebener Ziele in Teams, Gruppen und bei Einzelnen zu steuern, aber auch die Arbeitsfähigkeit von Einzelnen und von Gruppen zu erhalten und zu fördern. Der in dieser Funktion enthaltene Aspekt der Kontrolle und Überwachung wird leicht mit dem Begriff des Supervisors, wie er bei uns im not-for-profit-Bereich gebräuchlich ist, verbunden. Der Supervisor als externer Berater hat diese Managementfunktionen nicht.[2]

Zur Entwicklung fachlicher Kompetenz und professioneller Identität von AusbildungskandidatInnen wurde in den 20er Jahren dieses Jahrhunderts das erste Mal im Berliner Psychoanalytischen Institut die Kontrollanalyse eingeführt.[3] Diese Form von Supervision existiert noch heute in allen Therapie- und Beratungs-Ausbildungen, man nennt sie **Ausbildungssupervision**. Junge KollegInnen besprechen mit erfahrenen AusbilderInnen ihre ersten »Fälle«, ihre Behandlungen und Beratungen von KlientInnen. Hier tritt die Supervisorin oder der Supervisor als Expertin oder Experte der Profession auf.

Die dritte Wurzel der Supervision entwickelte in den 40er Jahren der ungarische Arzt Michael Balint, der Gruppen von SozialfürsorgerInnen und dann auch Ärzten leitete, in denen berufsbezogene Selbsterfahrung zur Erreichung zweier Ziele stattfand: Einmal hatte Balint das Interesse, Professionsentwicklung zu betreiben, die »Organmedizin« zu einer ganzheitlichen Medizin zu entwickeln - was es erforderlich machte, daß Ärzte Kenntnisse in Psychotherapie erwarben - verbunden mit dem zweiten Ziel, sie zu trainieren, ihre Person und ihr Gefühl als Instrument in der Behandlung von Patienten einsetzen zu können.[4]

In die Supervision sind wesentliche Elemente der von Balint entwickelten Methodik der Gruppensupervision und das Ziel, **Beziehungsdiagnostik** zu erlernen, eingegangen.

Fand Supervision im sozialen Bereich nach dem Zweiten Weltkrieg im wesentlichen noch in Einzelsettings statt, so brachte die Entwicklung der angewandten Gruppendynamik die Chance mit sich, den **»Gruppenvorteil«** auch für die Supervision nutzbar zu machen. Es entwickelte sich das auch schon von Balint inaugurierte Setting der Gruppensupervision, in dem Erfahrungen mit der Dynamik von Gruppen gemacht werden konnten. Die SupervisorInnen der späten 60er und frühen 70er Jahre arbeiteten mit den damals entstehenden Teams in gruppendynamischer Manier.[5] Die Idee, daß sich Kooperation allein dadurch verbessern läßt, daß man sich in einen gemeinsamen gruppendynamischen Prozeß begibt, in dem Beziehungsklärung betrieben wird, erwies sich als nicht tragfähig. Institutionelle Strukturen kamen in den Blick.

Die Auseinandersetzung mit der Organisationsberatung und -entwicklung setzte in den 80er Jahren ein. War es zunächst die Einführung einer dritten Perspektive - nach dem Individuum und der Gruppe richtete man nun das Augenmerk auf die **institutionellen Rahmenbedingungen** - so wurde mit der Zeit deutlich, daß Supervision nur einen sehr begrenzten Einfluß auf die institutionellen Gegebenheiten nehmen kann. Das Wissen um die Notwendigkeit von Umstrukturierungsmaßnahmen, die im Rahmen von OE-Prozessen durchgeführt werden und die Klärung der begleitenden Funktionen, die Supervision dabei haben kann, ist inzwischen zu einem gewissen Abschluß gekommen. Gab es früher nur Teamsupervision, so wird inzwischen von »Supervision in Organisationen« oder von »Organisationssupervision« gesprochen.[6]

Ich verstehe Supervision heute als eine Form beruflicher Beratung, deren Aufgabe es ist, Einzelne, Gruppen und Teams oder andere Subsysteme in Organisationen zu **sozialer Selbstreflexion** zu befähigen.[7] Mit dieser Definition grenze ich mich auf der einen Seite gegen individuelle Selbstreflexion, wie sie schon immer in Beratungen, Therapien, Selbsterfahrungen u.ä. betrieben wurde, zum anderen gegen Organisationsentwicklung, deren Aufgabe nicht die Reflexion, sondern die Veränderung von Strukturen ist, ab.

»Es ist ihre Stärke und - in diesem Zusammenhang - die Schwäche der Supervision, daß sie nicht an den manifesten Strukturen, Funktionen und Prozessen, sondern an den Identitätskonzepten der Institution ansetzt. *Ihre unvergleichliche Kraft ist es, Gruppen, Teams oder andere soziale Systeme zu sozialer Selbstreflexion ihrer manifesten und latenten Strukturen zu befähigen.* Sie hat das Ziel, dem ratsuchenden System zu adäquaten Selbstbeschreibungen zu verhelfen, ihre Identität zu klären.« (Giesecke und Rappe-Giesecke, 1997, S. 664)

Alle diese Aspekte, die für verschiedene Phasen der Entwicklung der Supervision kennzeichnend waren - wie die fachliche und administrative Kontrolle, die Entwicklung professioneller Identität, die berufsbezogene Selbsterfahrung, die Nutzung der Gruppendynamik und die Arbeit mit den institutionellen Rahmenbedingungen - sind in den heute vorherrschenden Supervisionskonzepten in verschiedener Ausprägung vorhanden.

2. Ziele der Supervision

Das oberste Ziel der Supervision sehe ich darin, bei den Supervisanden die Fähigkeit zu sozialer Selbstreflexion zu entwickeln. Fragen wie
- was ist unsere zentrale Aufgabe?
- wozu gibt es uns und wodurch unterscheiden wir uns von anderen?
- wo wollen wir hin?
- was sind die Werte und Normen, die unsere Arbeit mit unseren Klienten oder Kunden und unsere Kooperation untereinander lenken?

werden sich die Mitglieder einer »lernenden Organisation« immer wieder stellen müssen. Auch das Erkennen von latenten Strukturen, die hinter den manifesten liegen, ist eine Aufgabe, die im »Dialog«, in der Erforschung »mentaler Modelle« und in der Supervision angegangen werden kann.[8] Wie wir wissen, ist es nicht ganz einfach, von der Ebene der Phänomene zu den dahinterliegenden Strukturen zu kommen, zumal jede Institution Routinen und Normen entwickelt, die das Lernen verhindern, damit die alltäglichen Arbeitsprozesse nicht beständig hinterfragt werden müssen. »Triple loop«-Lernen nach Isaacs[9] erfordert ein Setting, das vom Handlungsdruck entlastet ist und die Möglichkeit bietet, die alltägliche Praxis von den Höhen der Metakommunikation aus zu betrachten. Hier bietet Supervision ein gutes Setting, in dem die beiden Ebenen des Erlebens und des Verstehens unter Beachtung der Widerstände bearbeitet werden können.

Wie läßt sich dieses übergeordnete Ziel in »mittelfristige« Ziele zerlegen? Supervision verfolgt **drei Ziele**:

- Die **Verbesserung der Handlungskompetenz** der SupervisandInnen im Umgang mit KlientInnen einerseits und KollegInnen, MitarbeiterInnen, Untergebenen andererseits. Handlungskompetenz umfaßt die drei Bereiche: Methodenkompetenz, Sozialkompetenz und Selbstkompetenz.[10]
- Die **Arbeitszufriedenheit zu erhöhen** oder wiederherzustellen und der Entwicklung von Burn-out-Symptomen entgegenzuwirken ist das zweite Ziel von Supervision. Sie gibt Hilfen zur Verarbeitung starker psychischer Belastungen im Beruf, die durch schwieriges Klientel oder durch problematische Kooperationsbeziehungen entstehen.
- Die **Wirksamkeit des eigenen professionellen Handelns zu überprüfen** ist das dritte Ziel von Supervision. Sie dient so der Selbstkontrolle der Professionellen: »Arbeite ich effektiv und setze ich meine Mittel und Ressourcen effizient ein?« Peter Berker bezeichnet die Supervision als ein »bedeutsames Mittel der Innensteuerung zur Bestimmung, Weiterentwicklung und Aufrechterhaltung von Prozeßstandards«[11], mit anderen Worten als ein Mittel zur Sicherung der Prozeßqualität.

Supervision versucht diese Ziele zu erreichen, indem sie

1. die Aufgabe, die **»primary task«** nach Rice[12] in den Mittelpunkt stellt. Einzelne und auch Teams neigen dazu, sich mit sich, d.h. mit den institutionellen Strukturen, mit ihrer eigenen Psychodynamik oder Gruppendynamik zu beschäftigen und ihre eigentliche Aufgabe, nämlich die Erstellung eines Produkts oder einer Dienstleistung aus den Augen zu verlieren. Die Verständigung darüber, was die Aufgabe überhaupt ist, ist auch der erste Schritt, um die Basis für Kooperation und gemeinsames Handeln wieder herzustellen. Man könnte auch sagen, daß man dazu beiträgt, kundenorientiert zu sein oder den Dienstleistungscharakter der eigenen Arbeit wieder in den Vordergrund zu stellen. Damit wird auch deutlich, daß Supervision zu den Dienstaufgaben gezählt werden kann und die Teilnahme nicht allein in der Entscheidungsfreiheit der MitarbeiterInnen liegen kann. Schließlich geht es darum, die individuelle oder kollektive Fähigkeit zu erhöhen, die gestellte Aufgabe optimaler zu erfüllen.

2. Die **Auffächerung von Komplexität** ist eine weitere Aufgabe der Supervision: In der Regel werden Ereignisse durch eine bestimmte »Brille« wahrgenommen und entsprechend interpretiert. Wir kennen das Phänomen, daß die meisten Vorgänge in Organisationen individualisiert und psychologisiert werden. Hier ist es notwendig, den Beteiligten verschiedene Brillen oder Perspektiven zur Verfügung zu stellen: Man kann ein Ereignis als Ausdruck der Individualität und Persönlichkeit eines bestimmten Mitarbeiters interpretieren. Man kann es weiterhin in Zusammenhang bringen mit den Aufgaben, dem Selbstverständnis und den Kompetenzen, die er oder sie als Träger einer bestimmten Rolle und Funktion hat. Man kann drittens das Ereignis als Effekt einer bestimmten Gruppendynamik, die sich in einem Team, einer Abteilung etc. entwickelt hat,

sehen und viertens es in Zusammenhang mit der übergreifenden Organisation bringen: Welche Auswirkungen haben Strukturen und Prozesse, Zielvorgaben und die Kultur etc. der Gesamtorganisation auf dieses einzelne Ereignis? Eine weitere Brille ermöglicht den Blick darauf, welche Einflüsse das jeweilige Klientel mit seiner Spezifik und Eigenart auf dieses Ereignis hat. Eine weitere Brille gibt den Blick auf die Gesellschaft und deren Subsysteme, in die die ratsuchende Organisation eingebettet ist, frei.

Diese Ebenen einmal alle durchwandern zu können, schafft in der Regel mehr Verständnis füreinander, für die Zwänge und Rahmenbedingungen, denen die Einzelnen ausgesetzt sind. Die Professionellen staunen selbst oft über die Komplexität, die sie tagtäglich zu bewältigen haben. Dieses Sichtbarmachen von Komplexität macht die notwendigen Mechanismen der Komplexitätsreduktion, die eine Organisation, aber auch einzelne Professionelle entwickeln müssen, bewußt. Diese Auffächerung von Komplexität wirkt Psychologisierung, Personalisierung und der Entwicklung familiarer Strukturen entgegen.

3. Soziale Selbstreflexion kann man natürlich nur dann lernen, wenn es Raum für Reflexion gibt. Der **Wechsel zwischen ziel- und aufgabenbezogenem Arbeiten und prozeßbezogener Reflexion** ist hier das Mittel der Wahl. Handeln und dann Reflektieren ist eine günstige Abfolge, die in den meisten Organisationen und Unternehmen allerdings nicht praktiziert wird. Paradigmatisch für den Bereich der Wirtschaft ist das ziel- und aufgabenbezogene Denken verbunden mit einem mehr oder weniger selbst produzierten Handlungsdruck. Für den sozialen, karitativen und beratenden Bereich typisch ist hingegen eher das reflektierende, sich gegen jeden Handlungsdruck wehrende Verhalten. Je nachdem, welcher Aspekt in der entsprechenden Organisation unterrepräsentiert ist, versucht man, diesen einzuführen oder zu entwickeln. Überlebensnotwendig ist

für jede Organisation, daß sie sowohl zielorientiert handelt als auch ihr Handeln beständig in selbstreflexiven Schleifen überprüft. Aufgrund meiner Beratungserfahrung im Profitbereich weiß ich, daß es nicht so leicht ist, diese schnell als Luxusveranstaltung und unnötige Zeitverschwendung empfundene Selbstreflexion zu implementieren. Das ist ein Problem, das jeder Berater oder jede Organisation mit der Einführung der Maximen der lernenden Organisation hat. Es bedeutet nämlich, daß man lernen muß, Rahmenbedingungen herzustellen, in denen sich Chaos entwickeln kann. Man muß lernen, dieses Chaos auszuhalten, die Strukturen, die sich in diesem Chaos zaghaft zeigen, zu erkennen und dem System als selbst geschaffene Lösung zur Verfügung zu stellen. Aus Struktur entsteht nur wieder Struktur und zwar dieselbe - nach dem alten Watzlawick'schen Motto »Mehr vom selben«.[13] Nur aus Chaos entsteht etwas Neues, eine neue Ordnung. Es ist für mich eine wesentliche Aufgabe der Supervision, den Rahmen zu bieten, in dem sich ein solcher Prozeß entwickeln kann und das ratsuchende System zu befähigen, solche Prozesse selbst initiieren und erfolgreich beenden zu können. Vertrauen in die Kraft der Einzelnen, der Gruppe und in die eigene als BeraterIn sind hierzu notwendig. Die Fähigkeit des Supervisors, sich außerhalb des Systems, das er mit initiiert hat und dessen Teil er ist, zu stellen und dessen Strukturen zu erkennen, ist für diesen Lernprozeß unabdingbar.

4. Die **Einstellung zu Paradoxien und Ambivalenzen** zu verändern, ist für mich ein weiteres Ziel. Einzelne und auch ganze Organisationen verwickeln sich beständig in paradoxe Situationen, die man m.E. nicht durch Vereinfachungen begradigen sollte. Es hat eine unglaublich entlastende Wirkung, wenn man diese Paradoxien auf den Begriff bringen und sich danach überlegen kann, wie man mit ihnen jenseits von Schuldzuschreibungen und Versagensängsten umgeht. Sich abfinden können, Demut und Gelassenheit sind die

Haltungen, die hier angebracht sind.[14] Gleichermaßen ist es sinnvoll, Ambivalenzen positiv zu besetzen. Während es dem alten
Denken entspricht, klare Gegensätze wie entweder/oder, wahr oder
falsch, ja oder nein zu konstruieren, die das Lebendige und Kreative
aus den Menschen heraustreiben, so erscheint es mir angebrachter,
die Ambivalenzen, die wir real jeden Tag erleben, zu akzeptieren.
Maximen wie sowohl als auch; wo eine Vorderseite ist, ist auch eine
Rückseite und beide haben ihre Berechtigung, führen zu differen-
zierteren Positionen als die binären Schematisierungen.

5. Als letztes möchte ich noch ein Ziel nennen, das vor allen Dingen
bei der Arbeit mit Einzelnen eine große Rolle spielt, nämlich das
Verstehen der eigenen Berufsbiographie.[15] In der Supervision
geht es nicht um die persönliche Biographie, die frühkindliche
Entwicklung etc., wie oft angenommen wird, sondern um die Sozia-
lisation, die man im Laufe seines Berufslebens erfahren hat. Die in
ihr enthaltenen Brüche, Sprünge, Linien und die daraus entstehenden Auffassungen über die Arbeit mit Klienten und Kunden, über
das Funktionieren von Organisationen, den Umgang mit der eigenen Rolle sind Gegenstand der Rekonstruktion der Berufsbiographie, die in der Einzelsupervision und in der Karriereplanung
stattfindet. Darüber hinaus spielen familiale und selbstgestellte
Aufträge, die in der Regel unbewußt sind, wie z.B. einen bestimmten Beruf zu ergreifen, eine bestimmte Karriere zu machen etc., hier
eine Rolle. Diese Prägung bewußt und reflexiv für die Einzelnen
verfügbar zu machen, ist eine notwendige Bedingung für die Autonomie und innere Freiheit, die Berufstätige brauchen.

6. Das Verstehen der »**Biographie der Organisation**« ist ein weiteres Ziel, das neben das Verstehen der individuellen Biographie
tritt. Organisationen haben einen Lebenszyklus, es ist nicht un-
erheblich für das Verstehen der Konflikte der Mitarbeiter, in

welcher Phase sich die Organisation gerade befindet. Glasl und Lievegoed (1993) haben ein schönes Modell entwickelt und darin beschrieben, wie in den einzelnen Phasen Führung stattfindet, wie die System-Umwelt-Beziehungen organisiert sind, welche Kultur sich im System herausbildet und wie es seine internen Prozesse strukturiert. Beratung wird häufig dann in Anspruch genommen, wenn in Organisationen der Schritt in die nächste Phase ansteht oder nicht gelungen ist. Darüber hinaus ist es natürlich sinnvoll, wenn die Organisation selbst weiß, welchen Typus sie verkörpert: Ist sie eher eine ideologische und missionarische Organisation, eher eine politische, eher eine Maschinen-Organisation, eher eine von Professionals etc.? Mintzberg bietet ein sehr brauchbares Klassifikationsschema, mit dessen Hilfe man auch gut erklären kann, welche Probleme systemimmanent für den jeweiligen Organisationstypus sind.[16]

3. Die Integration von Instruktion und Selbsterfahrung in der Supervision

Supervision unterscheidet sich von anderen Formen der Fortbildung und von ihren eigenen Vorläufern dadurch, daß sie zwei bis dahin getrennte Paradigmen, nämlich das der Instruktion und das der Selbsterfahrung systematisch miteinander verknüpft. Selbsterfahrung und Therapie haben sich im Laufe dieses Jahrhunderts zu eigenständigen Institutionen entwickelt, die einen hohen Grad an Differenzierung und Professionalisierung aufweisen. Instruktion schien lange Zeit den SupervisorInnen in Deutschland ein sehr fernes Paradigma, das sich mit ihrem eher an Selbstreflexion und Selbsterfahrung orientierten Verständnis von Supervision nicht vereinbaren ließ.[17] In den Niederlanden gab es schon sehr früh eine Richtung, die Supervision mit Erwachsenenbildung verband, die andragogische Supervision, die bis heute die Praxis in den Niederlanden stark beeinflußt.[18] Erst in letzter Zeit, vermutlich durch die Erfahrung begründet, daß sich nicht alles allein durch Selbstreflexion, sondern auch durch Lernen und Wissensaufnahme verstehen läßt, und wahrscheinlich auch durch die Diskussion über die lernende Organisation, ist die Beschäftigung mit Lernen in der Supervision in Gang gekommen. Was leistet Supervision nun im Gegensatz zur klassischen Fortbildung, wenn sie versucht, diese beide Paradigmen zu verknüpfen?

Instruktion meint Wissensvermittlung, eine sehr alte Form der Erfahrungstradierung, wie sie in der Schule und in den meisten Fortbildungen praktiziert wird. Das Wissen wird von Expertinnen bzw. Experten an Laien weitergegeben.[19] Diese Form berücksichtigt in der Regel weder die subjektiven noch die objektiven Bedingungen der Umsetzbarkeit allgemeiner Konzepte oder wissenschaftlicher Erkenntnisse. Fortbildungen, die auf Instruktionen aufbauen, stellen meist nicht in Rechnung, daß das neu erworbene Wissen mit der Person, der professionellen Identität und der Institution, in der die oder der Betreffende arbeitet, zusammenpassen muß. Dieses Problem wird in der Literatur als »backhome-Effekt« beschrieben. Man kennt die Situation von Kolleginnen und Kollegen, die begeistert von Fortbildungen kommen, mit ihren neuen Erkenntnissen auf Skepsis stoßen und sie dann in der alltäglichen Routine mit der Zeit selbst wieder vergessen.

In der Supervision wird neues Wissen auf dem umgekehrten Weg gewonnen. Man setzt an den problematischen Situationen aus dem professionellen Alltag Einzelner oder von Teams an und versucht erst im zweiten Schritt, Maximen für professionelles Handeln daraus abzuleiten. Die persönlichen Eigenarten des Lernenden werden zum Thema. Die Vor- und Nachteile dieser Eigenarten für den professionellen Konktakt zu erkennen und zu verstehen, ist ein wichtiger

Bereich des Lernens in der Supervision. Es wird also weniger mittels des kognitiven Verstehens gelernt als vielmehr auf dem Wege über das Verstehen und die Verarbeitung des eigenen Erlebens. Die problematischen Situationen, die die SupervisandInnen erzählen, wiederholen sich in der Supervision. Ohne daß es den Beteiligten zunächst deutlich ist, spielen sie das erzählte Geschehen in verschiedenen Rollen nach. Man nennt dies die »Inszenierung des Problems«.[20] Dieses Phänomen beantwortet auch die Frage, wieso SupervisorInnen überhaupt etwas zu Situationen sagen können, an denen sie nicht teilhatten. In der Supervision wird das Erleben der Beteiligten, ihre Gefühle, ihre wechselseitigen Wahrnehmungen wieder lebendig und für die Betroffenen oft das erste Mal überhaupt wahrnehmbar. Sie erfahren etwas über ihre Wirkung auf andere, über manchmal auch unangenehme Seiten ihrer Persönlichkeit, über ihre Reaktionsbereitschaft auf bestimmte Persönlichkeitstypen von Klientinnen und Klienten oder Kolleginnen und Kollegen. Es wird also ein Stück **Selbsterfahrung** betrieben, immer bezogen auf die gerade im Mittelpunkt stehende problematische Interaktionsszene und begrenzt auf einen bestimmten Ausschnitt der Persönlichkeit, nämlich denjenigen, der die produktive Gestaltung professioneller Beziehungen hindert oder erschwert. Damit unterscheidet sich Supervision von Selbsterfahrung, in der unabhängig von der Professionalität die gesamte Persönlichkeit Thema ist.

Instruktion, also die Vermittlung und Aufnahme von Wissen, ist in der Supervision an das Verstehen konkreter Situationen aus dem professionellen Alltag gebunden. Nachdem man das Erleben und die wechselseitigen Wahrnehmungen rekonstruiert hat und versteht, wieso jemand ein Problem mit dieser Situation hatte, kann man sich damit beschäftigen, welche **Maximen für professionelles Handeln** allgemein aus diesem Fall zu ziehen sind und was man aus diesem Fall über die Psychodynamik professioneller Beziehungen und über deren

Zusammenwirken mit den jeweiligen institutionellen Rahmenbedingungen lernen kann. Es gibt seltener allgemein gehaltene Vorträge über diese Thematik, SupervisandInnen und SupervisorInnen erarbeiten dieses professionsrelevante Wissen gemeinsam. Es gibt also innerhalb einer Sitzung einen mehr oder weniger deutlich markierten Programmwechsel zwischen der Beschäftigung mit dem Erleben der Situation durch die Beteiligten und der zweiten Phase, nämlich der verallgemeinernden Verarbeitung eines Einzelfalls.

Diese sonst in Fortbildungen fachlicher Art oder in der Selbsterfahrung getrennten Formen von Lernen in einem Setting zu verbinden, ist die Leistung von Supervision und macht ihre Überlegenheit gegenüber diesen klassischen Formen von Fortbildung aus. Ich habe diese Unterschiede und Gemeinsamkeiten von Selbsterfahrung, Instruktion und Supervision in Form einer Tabelle zusammengefaßt und noch etwas genauer ausdifferenziert.

	Selbsterfahrung/Therapie	Instruktion	Supervision und Beratung
Informations-gewinnung	Lernen durch Erleben	Kognitive Wissensvermittlung und -aufnahme	Beides: Verbindung von Lernen durch Erleben und Reflexion, die theoriegeleitet ist
Ziele	Vermittlung von alternativen Selbstmodellen für Patienten/Klienten	Vermittlung von möglichst allgemeingültigem, »wahren« Wissen	Vermittlung von Normalformmodellen als Programme für die Analyse des professionellen Alltags
der	Lernen durch Selbstreflexion über innere Vorgänge und aktuelle Beziehungen in der Gruppe	Distanzierte Betrachtung, klassische Subjekt-Objekt-Trennung	Beides: Perspektivenwechsel
Informations-verarbeitung	Lernen an Störungen, Fehlern und Abweichungen	Lernen am Idealtypus	Beides: Mit dem Wissen über ideale Abläufe und Strukturen Informationen aus Störungen, Fehlern u.ä. ziehen können
	Selbststeuerungsfähigkeit durch Aktivierung der blockierten Ressourcen erhöhen	Fremde Ressourcen aufgenommen und assimiliert	Beides: Was an fremden Ressourcen aufgenommen wird, wird selbstregulativ gesteuert
Typisierung der Klienten	Klienten sind Individuen mit mehr oder minder defizienter Selbststeuerungsfähigkeit	Klienten sind Laien	Klienten sind Fachleute ihrer Profession und Lernende in Sachen Psychodynamik professioneller Beziehungen, institutioneller Dynamik, Kooperation und Kommunikation
Typisierung der Professionals	Therapeuten sind Fachleute für die Psychodynamik menschlicher Beziehungen und intrapsychischer Prozesse	Experten für fachliche Fragen	BeraterInnen sind Fachleute für die Psychodynamik professioneller Beziehungen und institutioneller Dynamik
	Therapeut ist Vorbild im Verstehen intrapsychischer und interpersoneller Prozesse	Vermittelte Inhalte haben nichts mit der Form der Vermittlung zu tun	BeraterIn verkörpert, was er/sie lehren will, sowohl durch die Art, sich Arbeitsbedingungen zu schaffen, als auch durch die Art des Verstehens

Abb. 1: Unterschiede und Gemeinsamkeiten von Selbsterfahrung, Instruktion, Supervision und Beratung[21]
© Giesecke/Rappe-Giesecke 1997

4. Grenzen der Supervision

Trotz ihrer Möglichkeiten, Wissen durch die Extraktion von Maximen professionellen Handelns aus einzelnen Fällen zu generieren, ersetzt Supervision natürlich keine **fachliche Fortbildung**. Sich auf den neuesten Stand des Wissens der Profession oder bestimmter Themen zu bringen, ist produktiver in anderen Settings zu bewältigen. So weiß man z.B., daß es bei bestimmten Berufsgruppen, vor allem Semi-Professionellen sinnvoll ist, mit Fortbildung zu beginnen, z.B. zunächst in die Grundbegriffe der Kommunikation und Interaktion und der Psychodynamik einzuführen, statt gleich mit Supervision und Reflexion zu beginnen. Supervisionen im Bereich der Altenarbeit scheitern häufig aus diesem Grunde.[22]

Supervision ersetzt auch keine **Selbsterfahrung und Therapie**. Sie ist nur mit solchen Menschen produktiv, die über eine stabile psychische Selbstregulationsfähigkeit verfügen, also z.B. Nähe und Distanz regulieren können und die in der Lage sind oder in die Lage kommen können, sich selbst, d.h. ihre Person und ihr Gefühl als Instrument für das Verstehen von KlientInnen, KundInnen etc. zu benutzen. In einigen Professionen, wie z.B. den beratenden und therapeutischen, ist Eigentherapie und Selbsterfahrung unabdingbar und funktional für die Erfüllung der Arbeitsaufgaben. Mehr oder weniger latent vorhandene Selbsterfahrungswünsche sind häufig ein Motiv, Supervision zu suchen, die einen größeren Schutz zu versprechen scheint als eine vielleicht eher Angst auslösende Therapie. Hier ist die Fähigkeit der SupervisorIn gefragt, die Indikation für Supervision in einem solchen Falle verantwortlich zu prüfen.

Supervision übernimmt drittens nicht die **Verantwortung für das professionelle Handeln** der SupervisandInnen, sie weist auch nicht den einzig richtigen Weg, sondern hilft den SupervisandInnen, den ihren zu finden. Sie vermittelt Techniken der Selbstreflexion und Strategien der Problemlösung, die von den SupervisandInnen nachher zur Bewältigung ihrer Probleme allein genutzt werden können. Die Fachleute für ihre Profession bleiben die SupervisandInnen. Der/die SupervisorIn tritt lediglich als Fachkraft für die Psychodynamik professioneller Beziehungen, institutioneller Rahmenbedingungen und deren Wechselwirkung auf. In der berufsbegleitenden Supervision sollten die SupervisorInnen es vermeiden, die Rolle einer Praxisanleiterin oder einer Expertin für die Profession zu übernehmen. Dasselbe gilt für Kooperationsprobleme. Es gibt Teams, die die Verantwortung für ihre Interaktion der Supervisorin oder dem Supervisor aufzubürden versuchen. Sie heben sich alles für die Supervision auf, die Kooperationsprobleme können angeblich nur dort verhandelt werden. Hier gilt es, die Selbstregulationsfähigkeit entwickeln zu helfen und die Verantwortung dem ratsuchenden System zu lassen.

In eine professionelle Paradoxie geraten SupervisorInnen regelmäßig, wenn sie **Managementersatzfunktionen** ausüben sollen. Ich habe bis jetzt keine Supervision erlebt, in der ich nicht den offiziellen oder geheimen Auftrag erhalten habe, Fach- oder Dienstaufsichtsfunktionen zu übernehmen. Weist man dieses Ansinnen sofort zurück, kommt kein Kontakt zustande. Über einen bestimmten Zeitraum gibt es gar keine andere Chance, als diese Leitungsfunktion - allerdings deutlich machend, daß es sich um eine solche handelt - zu übernehmen und sie dann so schnell wie möglich an die betreffenden Stellen zurückzugeben. Der Verführung, die bessere Leitung zu spielen, sollte man nicht erliegen, sondern im Gegenteil versuchen, die vorhandene Leitung zu stärken. Dies geschieht am besten dadurch, daß man schon in der Vorphase Kontakt zur Leitung sucht, mit ihr Gespräche führt und dann Möglichkeiten der Rückkopplung bzw. der Einbeziehung von Leitung in die Supervision kontraktmäßig verabredet.[23]

Supervision übernimmt keine Managementersatzfunktion auf Dauer. Dies leitet über zum nächsten Punkt: Supervision ersetzt auch keine **Team- und Organisationsentwicklung.** Wird zu Anfang oder im Laufe des Prozesses deutlich, daß Veränderungen in der institutionellen Struktur notwendig sind, dann sollte die SupervisorIn entweder ihren Auftrag zurückgeben, um nicht Suboptimierung zu betreiben oder die Supervision im Rahmen einer OE-Maßnahme - so sie denn zustande kommt - mit neuer Funktionsbestimmung weiterführen. Supervision hat oft genug den geheimen Auftrag, die Folgen unproduktiver Rahmenbedingungen der Arbeit zu mildern, Ruhe zu schaffen und Vorgesetzte zu entlasten, und sie wird von den Teams als Gratifikation für ihr Ausharren in diesen »schrecklichen« Organisationen trotzig gefordert.

Supervision ersetzt keine **Personalentwicklung,** sondern im Gegenteil, eine funktionierende Personalentwicklung ist eigentlich die Voraussetzung für sinnvoll eingesetzte Supervision in Organisationen. Supervision wird häufig von Mitarbeiterinnen und Mitarbeitern gesucht, die unzufrieden mit ihrer beruflichen Situation sind. Es stellt sich dann häufig heraus, daß es weder Zielvereinbarungen noch Jahresberichtsgespräche noch gemeinsam mit der Führungskraft geplante Maßnahmen der Förderung gibt. Die MitarbeiterInnen entscheiden dann selbst, was sie für die geeignete Maßnahme halten und es ist dann unsere Aufgabe, im Sondierungsgespräch zu klären, ob diese selbstgestellte Indikation von dem/der SupervisorIn übernommen werden kann. Die Vernetzung zwischen SupervisorIn, den Verantwortlichen für Personalentwicklung und der Führung erscheint mir dringend geboten, will man nicht an den Zielen und Gegebenheiten der Organisation vorbei beraten. Der not-for-profit-Sektor ist sicherlich z.Zt. auf dem Wege dahin, die schon im profit-Bereich übliche Personalentwicklung einzuführen. Supervision kann, indem sie nach der Abstimmung von Supervision mit anderen Fördermaßnahmen und den Zielen der Organisation fragt, dazu beitragen.[24]

Diese Grenzen zu kennen, ist sowohl für potentielle Kunden von Supervision als auch für die SupervisorInnen von Bedeutung. Unrealistische Erwartungen auf der einen und overselling auf der anderen Seite schaden der Qualität der einzelnen Supervisionen und dem Ruf der gesamten Profession.

5. Supervisionsvarianten

Es gibt verschiedene Varianten von Supervision, die häufig von den Abnehmern, aber auch von den Anbietern selbst nicht auseinander gehalten werden. Das liegt daran, daß unterschiedliche Meinungen darüber bestehen, was Supervision eigentlich ist. Für die einen ist sie eine feldspezifische Beratungsmethode - das ist eigentlich eine sehr alte, traditionelle Auffassung -, d.h. Supervisorinnen und Supervisoren beraten in einem bestimmten Feld. Die zweite Auffassung ist die, daß Supervision eine Funktion ist, die Professionelle ausüben, die in einem bestimmten Feld arbeiten. Sie geben also neben ihrer professionellen Tätigkeit auch Supervision für ihre Kolleginnen und Kollegen. Die dritte Bestimmung, und das ist sicherlich die neueste, ist die, daß Supervision eine Profession ist. Diese Auffassung setzt sich immer mehr durch.

Supervision ist:
- eine feldspezifische Beratungsmethode,
- eine besondere Funktion von Professionellen
  in ihrem Arbeitsfeld,
- eine Profession.

Abb. 2[25]
© Rappe-Giesecke 1999

Ich denke, daß diese verschiedenen Auffassungen ihre Berechtigung haben und auch weiter nebeneinander bestehen werden. Supervision Suchende können damit rechnen, daß sie auf Supervisorinnen und Supervisoren treffen werden, die, wenn man sie genauer befragt, zu einer dieser Auffassungen neigen werden. Je nachdem, wie wichtig es den potentiellen SupervisandInnen ist, daß der Supervisor oder die Supervisorin viel über ihre Profession und das Feld, in dem sie arbeiten, wissen sollen, werden sie eher SupervisorInnen der ersten, der zweiten oder der dritten Kategorie wählen.

Grundsätzlich kann man zwischen drei Typen von Supervision unterscheiden: Zwischen Ausbildungssupervision, Supervision im Rahmen von Organisationsentwicklungsprozessen und berufsbegleitender Supervision. Die folgende Abbildung (Abb. 3) gibt eine Übersicht über die drei Formen, die ich jetzt im einzelnen erläutern möchte.

Supervision

Ausbildungssupervision	Supervision in OE-Prozessen	Berufsbegleitende Supervision		
		Klientenbezogen	**Kooperationsbezogen**	**Rollenbezogen**
Erlernen einer bestimmten Methode oder Profession*	Begleitung von strukturellen Veränderungsprozessen*	· Fachkompetenz erhöhen · professionelle Identität entwickeln · Kontrolle der Arbeit*	· Effektivierung der Kooperation · Arbeitszufriedenheit schaffen · Aufgaben- und Klientenbezogenheit stärken · Identität entwickeln*	· Aufgaben klären · Rollengestaltung · Rolle - Person - Organisation in Einklang bringen · Karriereplanung*
*Teil eines übergreifenden Ausbildungssystems**	*In OE-Prozeß eingegliederte Form von Fortbildungssupervision**	*· Gruppensupervision · Balintgruppe · Einzelsupervision**	*· Teamsupervision · Projektsupervision**	*· Einzelsupervision · Coaching · Leitungsberatung**
»Meistern oder Meister« der Methode oder Profession*	**Supervisorin oder Supervisor mit Kenntnis von OE-Methoden***	**Erfahrene Angehörige einer Profession, die Supervision oder Balintgruppenarbeit gelernt haben***	**In Institutionsanalyse ausgebildete Supervisorinnen und Supervisoren***	**In Institutions- und Rollenanalyse ausgebildete Supervisorinnen und Supervisoren***

*   Ziele
**   Settings
*** Qualifikation der Supervisorinnen und Supervisoren

Abb. 3: Supervision[26]
© Rappe-Giesecke 1995

5.1 Ausbildungssupervision

In der Ausbildungssupervision geht es darum, eine bestimmte Methode oder Profession zu erlernen. In der Therapieausbildung findet Supervision statt, wenn ein erfahrener Kollege oder eine Kollegin jüngere begleitet und deren erste professionelle Praxis kontrolliert. Dies ist am ehesten vergleichbar mit der Praxisanleitung im Rahmen der Sozialarbeit. Diese Supervision ist immer Teil eines übergreifenden Ausbildungssystems. Sie ist in dieses eingebunden, was bestimmte Konsequenzen bezüglich Schweigepflicht und Vernetzung mit der übergreifenden Organisation hat. Diese Form von Supervision können nur diejenigen geben, die 'Meisterin' oder 'Meister' entweder dieser Profession oder dieser bestimmten Methode sind. Das führt in der Regel dazu, daß Professionelle, die nur in dieser Art und Weise Supervision kennengelernt haben, meinen, das wäre Supervision überhaupt. Für mich ist es das aber nicht, sondern es ist eine Möglichkeit, Elemente von Supervision innerhalb eines bestimmten Rahmens anzuwenden. Die Meisterinnen und Meister gehen natürlich auch auf den Markt und bieten Supervision an. Ich finde, daß ihnen noch ein paar Kompetenzen fehlen, um berufsbegleitende Supervision optimal praktizieren zu können.

5.2 Supervision im Rahmen der Organisationsentwicklung

Supervision im Rahmen der Organisationsentwicklung ist vielleicht noch am wenigsten bekannt.[27] Hier wird der strukturelle Änderungsprozeß der gesamten Organisation durch Supervision für Einzelne, für Teams, für Gruppen oder für die Leitung unterstützt. Supervision wird in den OE-Prozeß eingebaut, erfüllt eine definierte Funktion und die Supervisorin oder der Supervisor bekommt einen bestimmten Auftrag. Diese Supervision geben in der Regel SupervisorInnen, die etwas von

OE verstehen. Supervision kann hier z.B. die Funktion übernehmen, das Selbstverständnis eines Teams, das durch einen Umstrukturierungsprozeß verändert worden ist, zu klären. Diese Form von Teamsupervision hat dann zum einen die Funktion, Psychohygiene für die Mitarbeiterinnen und Mitarbeiter zu betreiben, indem man sie bei den Veränderungen begleitet und eine Basis für die Entwicklung eines Teamgefühls schafft. Zum anderen trägt die Klärung des Selbstverständnisses dazu bei, die Kooperation reibungsärmer zu gestalten und vielleicht sogar zu optimieren.

Organisationsentwicklungsprozesse kranken häufig daran, daß die Umsetzung der Maßnahmen nicht genügend begleitet wird. Wenn die Dinge durch neue Aufgabenbeschreibungen, Funktionssetzungen etc. formell geregelt sind, geht es im zweiten Schritt darum, daß die MitarbeiterInnen und Führungskräfte diese Veränderungen für sich nachvollziehen. Hier kann Supervision eine wichtige Funktion übernehmen, um zu verhindern, daß die Selbstbeschreibungen, die zu den alten Gegebenheiten paßten, weiterwirken und damit die Veränderungen auf Dauer paralysieren. Hier sollte man nach dem von mir etwas abgewandelten KVP-Motto handeln: Umsetzung ohne Steuerung und Begleitung ist Verschwendung.[28]

Eine weitere Einsatzmöglichkeit von Supervision ist die Karriere- und Berufsplanung im Rahmen der Einzelsupervision. Diese Form beschreibe ich unter 'Rollenbezogene Supervision' (s. u. Kap. 5.3).

Supervision kann im Rahmen der Organisationsentwicklung auch die Funktion übernehmen, MitarbeiterInnen im Umgang mit KlientInnen und KundInnen nachzuqualifizieren. Wenn von ihnen ein stärkeres Dienstleistungsbewußtsein gegenüber den KlientInnen entwickelt werden soll, dann kann man dieses nicht einfach durch Dekret verordnen, sondern es ist sinnvoller, eine Form kontinuierlicher

Praxisbegleitung anzubieten, deren Aufgabe die Arbeit an der Einstellung gegenüber den KundInnen und KlientInnen ist.

In jedem Fall ist die Kooperation der SupervisorInnen mit den OrganisationsentwicklerInnen nötig und Supervision muß systematisch in den Veränderungsprozeß eingebaut werden. Am günstigsten ist es, wenn die SupervisorInnen im OrganisationsentwicklerInnen-Team und in der Steuerungsgruppe mitarbeiten.

5.3 Berufsbegleitende Supervision

Den dritten Typus von Supervision trifft man in der Praxis am häufigsten an, es ist die berufsbegleitende Supervision.[29] Diese wird üblicherweise nach den verschiedenen Settings, in denen Supervision angeboten wird, also Gruppen-, Einzel- und Teamsupervision differenziert. Diese Untergliederung habe ich nicht gewählt, sondern ich unterscheide, ob man in erster Linie klientenbezogen, kooperationsbezogen oder rollenbezogen arbeitet. In den Settings wird oft an zwei dieser Themen gearbeitet und es gibt inzwischen viele Gruppierungen, bei denen es sich aber nicht um Teams handelt, z.B. Arbeits- und Projektgruppe, Abteilungen etc. In der Supervision beschäftigt man sich also entweder damit, wie die Arbeit mit den KlientInnen oder KundInnen aussieht, wie man miteinander kooperiert oder damit, was die Merkmale und Aufgaben der eigenen Rolle innerhalb der Organisation sind.

Zunächst zur **klientenbezogenen Supervision**. Sie ist diejenige Form, die man braucht, um als MitarbeiterIn die eigene Fachkompetenz im Umgang mit KlientInnen, KundInnen, AbnehmerInnen zu erhöhen. Dies geschieht dadurch, daß man »Beziehungsdiagnostik« lernt. Das bedeutet, die Selbst- und Fremdwahrnehmung als Instrument handhaben zu lernen, um professionelle Beziehungen besser verstehen und steuern zu können. Das geschieht auf dem Wege einer an konkrete Situationen und Personen gebundenen Selbsterfahrung: »Wie wirke ich auf andere, wie wirken andere auf mich, mit welchem Typus von Menschen oder Klienten habe ich besondere Schwierigkeiten und mit welchen komme ich besonders gut aus?«

Neben dieser Verbesserung der Selbst- und Fremdeinschätzung gehört dazu, das Wissen um die handlungsleitenden Maximen, die das eigene professionelle Handeln steuern, zu erweitern. Abgesehen davon, daß es sinnvoll ist, wenn man weiß, nach welchen Regeln man handelt, hat dieser Aspekt auch durch die geschichtliche Veränderung der Identität und des Selbstverständnisses vieler Professionen Relevanz erlangt. Die Entwicklung unseres Wissens und der Technik und die sich wandelnden Anforderungen der AbnehmerInnen haben das Selbstbild und die Aufgabe mancher Professionen sehr stark verändert. Hinzu kommt, daß das Selbstverständnis und auch das Selbstwertgefühl mancher Professionen durch die Notwendigkeit, in multiprofessionell zusammengesetzten Teams zusammenarbeiten zu müssen, in Bewegung geraten sind. Man nähert sich diesem Thema mit Fragen wie: »Was macht eigentlich meinen spezifischen Umgang als Krankenschwester oder als Arzt etc. mit den KlientInnen aus? Wodurch unterscheidet sich meine professionelle Beziehung zu KlientInnen, KundInnen, PatientInnen von der anderer Professionen?« Zweitens beschäftigt man sich mit den Bildern, die die einzelnen Professionen vom idealen Klienten, Kunden, Patienten haben - die haben sie nämlich in der Regel - und mit ihren blinden Flecken. »Blinde Flecken« ist ein Ausdruck aus der Supervisorensprache. Man könnte auch sagen, daß Professionelle durch die Ausbildung geschult sind, Menschen und Dinge unter einer begrenzten Perspektive wahrzunehmen, um die alltägliche Komplexität reduzieren zu können. Wenn dann mehrere Professionen mit unterschiedlichen Sichtweisen aufeinandertreffen, ist es mit der Verständigung nicht immer ganz einfach. Man könnte auch mit Peter Senge sagen, daß es darum geht, die mentalen Modelle, die die Professionen über sich und über die jeweiligen Abnehmer haben, zu rekonstruieren.[30]

Klientenbezogene Supervision dient der Selbstkontrolle des Umgangs mit Klienten. Es handelt sich hier nicht um Fremdkontrolle durch Fachaufsicht, sondern es ist eine Form von Selbstkontrolle, die die Professionellen im Rahmen der Supervision selbst ausüben. Peter Berker hat die Supervision als »Mittel der Innensteuerung zur Sicherung der fachlichen Qualität im Vergleich zu anderen Mitteln der Außensteuerung« bezeichnet (1997). Indiziert ist diese Form von Supervision in Teams oder Arbeitsgruppen, in denen der Klientenbezug fehlt. Teams haben die Tendenz, sich mit sich selbst zu beschäftigen. Es gibt ja immer viele Konflikte und vieles, über das man sprechen kann. Wenn es notwendig ist, sich wieder auf die KlientInnen zu konzentrieren, dann ist Fallsupervision eine gute Möglichkeit und Form, dies zu tun. Weiterhin ist klientenbezogene Supervision sinnvoll, wenn man den Eindruck hat, daß die fachlichen Standards nicht eingehalten werden und daß nicht sehr qualifiziert mit den KlientInnen umgegangen wird. Fallsupervision kann dazu beitragen, daß ein reflektierterer, angenehmerer und vielleicht auch erfolgreicherer Umgang mit den KlientInnen möglich ist.

Die Settings, in denen dies geschieht, sind fallbezogene Teamsupervision, Gruppensupervision, Balintgruppenarbeit oder auch Einzelsupervision.

Die **kooperationsbezogene Supervision** wird klassischerweise im Setting der Teamsupervision angewandt. Sie verfolgt ein doppeltes Ziel, nämlich einmal die Arbeit effektivier zu gestalten und damit zur Absicherung der Qualität der Arbeit beizutragen und zum anderen die Arbeitszufriedenheit zu verbessern. Arbeitszufriedenheit ist ein wichtiger Faktor. Wir wissen, daß alles noch so produktiv und optimal geplant sein kann, fühlen sich die Leute nicht wohl, dann werden sie nicht gut zusammenarbeiten. Das ist der Punkt, an dem die Supervision vor vielen Jahren einmal angefangen hat, mit der Idee: »Wenn es allen gut geht, dann wird das übrige auch schon klappen.« Das hat sich als Irrtum herausgestellt, weil Beziehungsklärung prinzipiell unabschließbar ist. Zur Erhöhung der Arbeitszufriedenheit in der Kooperation zwischen KollegInnen, Führungskräften oder MitarbeiterInnen kann Supervision aber beitragen, indem sie Kommunikationsstörungen beseitigt und hilft, ein wertschätzendes Klima aufzubauen.

Zur Verbesserung der Kooperation kann Supervision einen Beitrag leisten, indem sie die Aufgabenbezogenheit und Klientenbezogenheit fördert. Ich meine damit folgendes:
Es ist häufig so - was auf den ersten Blick relativ unlogisch erscheint -, daß irgendwann in den Institutionen, in den Teams, bei Einzelnen, die Idee verloren geht, wozu sie eigentlich da sind: Was ist ihre Hauptaufgabe, was ist Grund für ihre Existenz innerhalb der Organisation und wer sind ihre KundInnen? In der Supervision wird mit der Zeit z.B. erfahrbar, daß genau da Irritationen bestehen, weil ganz unterschiedliche Auffassungen vorhanden sind. Viele Konflikte, die innerhalb des Teams oder auch der Leitung bestehen, haben ihre Grundlage darin, daß eigentlich nicht mehr klar ist, was die Aufgabe der Organisation insgesamt, was die Aufgabe des Teams oder der anderen Abteilungen ist. Wie müssen diese miteinander kooperieren, damit die Aufgabe erfüllt wird? Was muß der einzelne Mitarbeiter tun, damit das Team seine Aufgabe erfüllen kann? Der Sachverhalt ist so banal wie schwierig. Oft reicht es schon aus, mit einfachen Mitteln der Datenerhebung zu arbeiten, um Klarheit zu schaffen.

Klientenbezug herstellen meint, sich darauf zu besinnen, daß man in erster Linie für die KlientInnen und KundInnen da ist, und sich zu fragen, wie wirkungsvoll man für sie arbeitet. Grundsätzlich ist Kooperation immer noch verbesserbar, der Maßstab ist hier der Nutzen der Kooperation für die Arbeit mit den KundInnen oder KlientInnen.

Die Identität von sozialen Systemen weiterzuentwickeln ist ein anderes Ziel kooperationsbezogener Supervision, das sowohl zur Erhöhung der Arbeitszufriedenheit als auch der Effektivität und Effizienz beiträgt. Dabei geht es nicht nur um die Entwicklung des Gemeinschaftsgefühls, sondern auch um das Bewußtmachen von Normen und Leitbildern des professionellen Handelns.[31] Hierzu dienen Fragen wie: Wer sind wir? Was zeichnet uns aus? Was ist unsere spezifische Fähigkeit als Team? Was unterscheidet uns von anderen? Was sind unsere Wertvorstellungen? Wo wollen wir hin? Die Entwicklung von Leitbildern ist notwendig geworden, um immer komplizierter werdende Arbeitsprozesse noch steuern und in unübersichtlichen Situationen Entscheidungen treffen zu können. Dies kann im Rahmen eines organisationsübergreifenden Corporate Identity-Prozesses stattfinden oder auf der Ebene des Teams bleiben.

Kooperationsbezogene Supervision findet in der Regel im Rahmen von Team-, Abteilungs- oder Projektsupervision statt. SupervisorInnen sollten die Fähigkeit zur Organisationsdiagnose und -analyse mitbringen und Erfahrungen darin haben, wie man Veränderungsprozesse in Organisationen initiiert und begleitet. An dieser Stelle sind SupervisorInnen, die allein in therapeutischen Verfahren ausgebildet sind, fehl am Platze, weil ihnen das Wissen über Organisationen in der Regel fehlt.

Die dritte Form von Supervision ist die **rollenbezogene**. Sie findet im Setting der Einzelsupervision statt.[32] Dazu gehört, daß man zunächst die zentrale Aufgabe, die »primary task« dieser Rolle klärt, zweitens die Fähigkeiten und Möglichkeiten zur Gestaltung der Rolle reflektiert und klärt, wie viele von den Gestaltungsmöglichkeiten wahrgenommen und genutzt werden und wo die Grenzen der Gestaltungsmöglichkeiten liegen. Ziel ist es, die Person, die Rolle und die Organisation in Einklang zu bringen. Das Ideal von der richtigen Person am richtigen Platz in der richtigen Organisation, die ihre Rolle in angemessener Weise ausübt, ist schwer zu erreichen. Das wissen Leitungskräfte und dies beschäftigt auch die MitarbeiterInnen. Paßt die Person zur Rolle? Paßt die Rolle zur Organisation? Und paßt die Person in die Organisation und deren Kultur? - all dies sind Fragen, mit deren Beantwortung man sich diesem Ideal annähern kann.

Die Karriereplanung ist möglicherweise ein weiteres Ziel der rollenbezogenen Supervision. Hier klärt man Fragen wie diese: Wie bin ich zu dieser Stelle gekommen? Wie bin ich überhaupt zu diesem Beruf gekommen? Möchte ich hier an dieser Stelle und in dieser Organisation sein? Oder möchte ich ganz woanders hin? Die dritte Variante erscheint zunächst überraschend, kommt aber auch häufig vor: Ich glaube, daß ich an dieser Stelle und dieser Organisation richtig bin, aber ich habe mich letztendlich noch nicht dafür entscheiden können und verharre in dieser Ambivalenz. Karriereplanungen, die ich begleitet habe, sind teils so ausgegangen, daß die SupervisandInnen die Stelle oder sogar die Profession gewechselt haben, weil sie endlich an dem Punkt waren zu wissen: Das ist nicht das, was ich will. Andere konnten sich entscheiden zu bleiben, nicht wahrgenommene Gestaltungsspielräume zu nutzen oder einfach ihre Stelle zu bejahen.

Die Arbeit an der Rolle findet im Rahmen von Einzelsupervision im Programm »Rollenberatung« und im Coaching statt.[33] Wie das im Rahmen von Coaching aussieht und wie sich dieses Setting von Supervision unterscheidet, beschreibt Wolfgang Looss im Teil III dieses Buchs.

6. Phasen des Supervisionsprozesses

Der Ablauf der Supervision unterscheidet sich erheblich vom Ablauf eines Organisationsentwicklungsprozesses. Die folgende Abbildung zeigt den **idealen Ablauf eines Beratungsprozesses**, dessen Phasen und die damit verbundenen Aufgaben, die in jedem Beratungsprozeß wiederzufinden sind. Nun unterscheiden sich die einzelnen Beratungsformen darin, wie stark sie einzelne Phasen expandieren und ob die verschiedenen Aufgaben jeweils nur vom Berater oder vom ratsuchenden System oder von beiden zugleich zu erfüllen sind. Am ehesten ist der ideale Ablauf in der Organisationsentwicklung wiederzufinden, die sich als Prozeßberatung versteht, also das ratsuchende System von Anfang an als gleichberechtigten Partner ansieht, der seine Verantwortung für das Gelingen der Beratung wahrnimmt.[34]

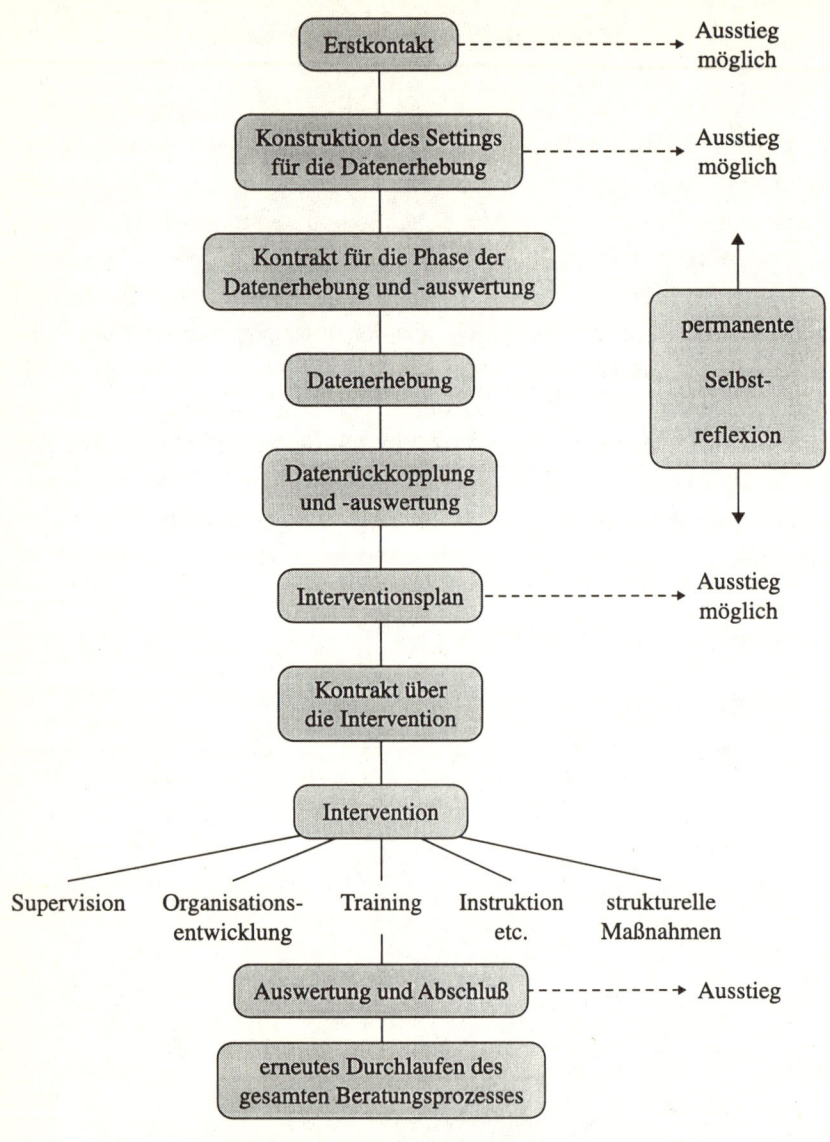

Erstkontakt — — — — — — — — → Ausstieg möglich

Konstruktion des Settings für die Datenerhebung — — — — — → Ausstieg möglich

Kontrakt für die Phase der Datenerhebung und -auswertung

Datenerhebung

Datenrückkopplung und -auswertung

permanente Selbst- reflexion

Interventionsplan — — — — — → Ausstieg möglich

Kontrakt über die Intervention

Intervention

Supervision   Organisations-   Training   Instruktion   strukturelle
              entwicklung   etc.   Maßnahmen

Auswertung und Abschluß — — — — — → Ausstieg

erneutes Durchlaufen des gesamten Beratungsprozesses

Abb. 4: Der Ablauf des Beratungsprozesses[35]
© Giesecke/Rappe-Giesecke 1997

Supervision gerät hier leicht, wie andere Beratungsformen auch, in eine **professionelle Paradoxie**. Wird Supervision nachgefragt, so strukturiert sich der Anfang in der Regel nach dem von Ed Schein beschriebenen **Arzt-Patient-Modell:** Das ratsuchende System leidet unter bestimmten Problemen, dessen Ursache und Lösung es nicht kennt.[36] Der Supervisor soll die Verantwortung für die richtige Diagnose und die richtige Lösung übernehmen; gleichzeitig gibt das System durch die Entscheidung, einen Supervisor anzufragen, die Indikation vor: Die geeignete Maßnahme scheint Supervision zu sein. Wenn letzteres für das System feststeht, dann befinden wir uns sogar im **Expertenmodell** nach Ed Schein: Das ratsuchende System weiß, was das Problem ist, welche Lösung benötigt wird und woher die Lösung kommen soll.[37] Zum Selbstverständnis der SupervisorInnen gehört es, nach dem **Prozeßberatungsmodell** zu arbeiten, also dem Klientensystem möglichst viel Verantwortung zu geben und es an allen Phasen des Beratungsprozesses aktiv zu beteiligen. In diese professionellen Paradoxie gerät fast jede Supervision. Ich gehe mit ihr in zweierlei Weise um: Einmal versuche ich, von Anfang an eine Balance zwischen dem Prozeßberatungs- und dem Expertenmodell herzustellen. Ich versuche vom Erstkontakt an, das ratsuchende System in höchstmöglicher Weise am Beratungsprozeß, an den Entscheidungen und den Aufgaben zu beteiligen und lasse zwei Typisierungen dieser Beziehung nebeneinander laufen: Einmal ist es eine **geschäftliche Beziehung zwischen Verhandlungspartnern** und zum anderen ist es zu Anfang eine **asymmetrische Beziehung zwischen Ratsuchenden und Beratern**, zwischen denen sich ein Arbeitsbündnis entwickeln muß.

Traditionelle Supervision gerät hier noch in eine zweite Paradoxie, da die ersten Phasen der Datenerhebung, Auswertung und Rückkopplung, aus denen dann der Interventionsplan abgeleitet wird, in der Supervision stark verkürzt werden. Diese Phasen werden in der Supervision in der Regel im Rahmen eines oder zweier Sondierungsgespräche durchlaufen. Dies hat zur Folge, daß während des gesamten Prozesses der Vertrag immer wieder überprüft werden muß, immer wieder neue Daten erhoben werden müssen und man den Auftrag - sowohl den offiziellen als auch die geheimen - in Form einer beständigen, wie es SupervisorInnen nennen, »Nachfrageanalyse« überprüfen muß.[38]

Es ist klar, daß je schneller und je »tiefer unten« man in dem Beratungsprozeß einsteigt, desto höher die Wahrscheinlichkeit ist, daß Vorannahmen, die zu Anfang nicht überprüft worden sind, im Laufe des Prozesses zum Thema werden. Aus diesem Grunde plädiere ich dafür, möglichst viel Energie in die Anfangsphase des Prozesses zu stecken, denn »die Weichen werden am Anfang gestellt«. In meinem Supervisionsmodell werden diese Phasen im Rahmen einer vorgeschalteten **Problemdiagnose** durchlaufen.

Ich stelle im folgenden den idealen Ablauf des Supervisionsprozesses - bis auf eine Ausnahme - der Einfachheit halber anhand einer Anfrage nach Teamsupervision dar.[39] Der Ablauf der Einzelsupervision entspricht diesem im wesentlichen. Dort werden allerdings, wenn die SupervisandInnen die Supervision selbst bezahlen, in der Regel keine Gespräche mit der Leitung geführt. In der Gruppensupervision führe ich Vorgespräche mit den InteressentInnen, um deren Motivation zu klären und ihre psychische Belastbarkeit und Gruppenfähigkeit zu prüfen.

6.1 Erstkontakt

Der Supervisionsprozeß beginnt bereits mit dem Erstkontakt. Die potentielle Klientin bzw. der potentielle Klient oder eine Vertreterin bzw. ein Vertreter einer ganzen Gruppe nimmt Kontakt mit einer

Supervisorin oder einem Supervisor auf, um abzuklären, ob auf beiden Seiten die Bedingungen dafür gegeben sind, ein erstes Sondierungs- oder Vorgespräch miteinander zu führen. Die SupervisandInnen prüfen, ob die Supervisorin oder der Supervisor ihren Erwartungen, z.B. an Feldkompetenz, Qualifikation, Honorarvorstellung etc. entspricht. Die Supervisorin oder der Supervisor prüft, ob die Rahmenbedingungen ihr oder ihm günstig genug erscheinen, um einen erfolgver- sprechenden Supervisionsprozeß beginnen zu lassen und ob sie oder er für sich selbst hinreichende persönliche und professionelle Arbeits- bedinungen herstellen kann. Einigt man sich nicht, ist an diesem Punkt der Supervisionsprozeß bereits zu Ende. Sind die Bedingungen für ein Vorgespräch für beide Seiten akzeptabel, dann geht man über zur zweiten Phase des Supervisionsprozesses.

6.2 Sondierungsgespräche

Diese Gespräche haben einmal die Funktion abzuklären, ob man sich vorstellen kann, miteinander zu arbeiten. Sie haben zweitens die Funktion, die Indikation für Supervision zu prüfen, den Auftrag zu analysieren und gemeinsam eine vorläufige Diagnose des Problems zu stellen.

Aus diesem Grund verlangen SupervisorInnen für Vorgespräche ein Honorar. Es ist ein weitverbreitetes Mißverständnis, daß sich die SupervisorInnen hier vorzustellen und zu bewerben hätten. Die Super- visorin stellt sich vor, indem sie anfängt, mit dem System zu arbeiten. Das System wird durch diese Vorgespräche »gestört«, wie es die Systemiker nennen oder »aufgetaut«, wie Lewin sagen würde, und der Prozeß beginnt.[40] Aus diesem Grunde sollten Ratsuchende auch nicht mehr als zwei oder höchstens drei Vorgespräche führen, um das Supervisionsvorhaben nicht zerfasern zu lassen.

Sondierungsgespräche führe ich in der Regel auch mit der Leitungskraft, die die Fach- und Dienstaufsicht über die potentiellen SupervisandInnen hat. Dies hat zum einen die Funktion, die Bedeutung der Supervision deutlich zu machen und sie in die Organisation einzubinden. Zum anderen verhilft es den SupervisorInnen dazu, die Perspektive der Leitung auf die Probleme der SupervisandInnen und ihre Einstellung zur Supervision kennenzulernen. Für die Leitung ist es in der Regel wichtig zu wissen, ob der oder die SupervisorIn allparteilich sein kann, d.h. auch ihren Standpunkt verstehen kann und sich nicht einseitig mit den SupervisandInnen verbündet. Günstige Vorbedingungen für eine Supervision sind geschaffen, wenn zum einen der Leitung deutlich ist, daß Supervision auch dazu beitragen wird, die Aufgaben der Organisation besser zu erfüllen, zum anderen, wenn die SupervisandInnen spüren, daß man ihre Position versteht, sich aber nicht vereinnahmen läßt und den Blick für das Ganze bewahren kann.

Ich habe an anderer Stelle schon einmal Checklisten zusammengestellt, mit deren Hilfe SupervisorInnen, SupervisandInnen und die Leitung ihre Entscheidung für oder gegen den Abschluß eines Kontrakts vorbereiten können.[41] Welche Themen in so einem Gespräch berührt werden müssen, möchte ich am Beispiel der Teamsupervision deutlich machen. Prinzipiell ist diese Liste auch auf andere Settings übertragbar.

Sondierungsgespräch mit dem Team
- Wechselseitige Vorstellung und Klärung der Frage, ob alle Beteiligten anwesend sind.
- Erläuterungen zur Funktion des Sondierungsgesprächs: Es dient der Prüfung der Basis für eine Zusammenarbeit und es ist kein Bewerbungsgespräch, sondern ein Vertrag über eine Diagnoseerstellung.
- Was sind die Erwartungen des Teams an Supervision und was sind die aktuellen Anlässe?

- Was ist die Arbeitsaufgabe des Teams?
- Wer will Supervision, welche Bedenken bestehen gegen Supervision? Wer will teilnehmen? Wer nicht?
- An welchen Problemen soll in der Supervision gearbeitet werden?
- Mögliche Termine und Orte für Supervision?
- Ergebnissicherung: Vorläufige gemeinsame Diagnose des Problems oder das Angebot, gemeinsam in einer Vorphase der Problemdiagnose dieses zu leisten. Vorschlag für ein Setting und einen zeitlichen Rahmen, in dem dieses Problem angemessen bearbeitet werden kann.

Sondierungsgespräch mit der Leitung
- Wie steht die Leitung zur Supervision?
- Will sie an der Supervision teilnehmen oder nicht?
- Welche Aufträge hat die Leitung an die Supervision?
- Welche Formen der Rückkopplung sind angebracht?
- Welche Vereinbarung trifft man hinsichtlich der Fälle, wo die Dienst- und Fachaufsicht des oder der Vorgesetzten tangiert wird?
- Klärung des finanziellen Rahmens.

Nachdem diese Sondierungsgespräche mit einem oder mehreren BeraterInnen stattgefunden haben, entscheiden alle Beteiligten, ob sie unter diesen Bedingungen miteinander arbeiten wollen und können. Als Hilfestellung für diese, wie mir in der Praxis erschien, häufig recht willkürliche Entscheidung, möchte ich folgende Checkliste verstanden wissen. Diese Aufzählung ist sicherlich ergänzbar.

Checkliste für die Leitung
- Akzeptiert die Supervisorin bzw. der Supervisor die Aufgabe der Organisation?
- Kann sie bzw. er sich mit unserer Perspektive identifizieren?

- Wird die potentielle Rivalität, die durch den notwendigen Eingriff der Supervisorin bzw. des Supervisors in die Dienst- und Fachaufsicht gegeben ist, bewußt durch Absprachen geregelt?
- Übernimmt sie bzw. er einfach unsere Aufträge oder hat sie bzw. er Verständnis, zeigt aber auch eine für uns akzeptable Distanz zu unseren Vorstellungen?
- Ist sie bzw. er in der Lage, die institutionelle und die psychodynamische Seite der Probleme zu erkennen?
- Sind ihre oder seine Bedingungen, was das Setting und die Finanzen anbetrifft, akzeptabel?
- Reicht uns die vorgeschlagene Form von Kontrolle und Einfluß aus? Ist sie praktikabel?

Checkliste für Ratsuchende
- Haben wir uns ernst genommen gefühlt als Professionelle und als »Geschäftspartner?« Wie wurde mit Teammitgliedern umgegangen, die der Beratung kritisch gegenüberstehen. Wurden ihre Bedenken ernst genommen?
- Haben wir einen emotionalen Kontakt zum Berater oder zur Beraterin gefunden und uns verstanden gefühlt?
- Hat der Berater/die Beraterin die Distanz, die zur professionellen Rolle gehört, eingehalten oder hat er/sie sich verwickeln lassen, einbeziehen lassen?
- Wie geht er/sie mit sich widersprechenden Sichtweisen und Interessen einzelner um? Läßt er oder sie sich schnell zur Parteilichkeit verführen oder in Allianzen gegen Außenstehende einbeziehen? Ist der Berater/die Beraterin in der Lage, die Komplexität des Geschehens zumindest zu erahnen und die verschiedenen Positionen zu würdigen?
- Wird er oder sie sich unentbehrlich machen oder vermittelt er/sie den Eindruck, daß er/sie auf unsere Ressourcen vertraut, die wir vielleicht zur Zeit selbst gar nicht sehen können? Oder macht er/sie

deutlich, daß dies ein begrenztes Beratungsangebot ist, das uns befähigt, zu einem bestimmten Zeitpunkt wieder allein zu arbeiten?
- Ist er/sie kontrollierbar oder macht er/sie sich unangreifbar? Haben wir Einfluß und Kontrolle über den Beratungsprozeß und das Ziel?
- Haben wir den Eindruck, daß er/sie die Maximen und Ziele, die er/sie lehren will, vorlebt, ist er/sie mit anderen Worten authentisch oder wird Wasser gepredigt und Wein getrunken?
- Haben wir Vertrauen darin, daß er/sie stark genug ist, um uns vielleicht auch erst gegen unseren Willen vor zerstörerischen Entwicklungen zu bewahren?
- Hat er/sie die Methode, das Setting und die Diagnose verständlich darlegen können? Ist uns unser Problem schon ein Stückchen deutlicher geworden und können wir die vorgeschlagene Diagnose akzeptieren? Entspricht das Setting unseren Vorschlägen oder können wir uns auf dieses neue Setting einlassen?
- Hat er/sie die Leitung einbezogen und diese potentielle Konkurrenzbeziehung geregelt?
- Entsprechen die formalen Qualifikationen, die beruflichen Erfahrungen und die Feldkompetenz unseren Auswahlkriterien?

Checkliste für die Supervisorin bzw. für den Supervisor
- Bin ich bereit, der Organisation und ihrem Subsystem zu helfen, ihre bzw. seine Aufgaben besser zu erfüllen?
- Bin ich die oder der Richtige (Feldkompetenz, Methoden)? Bin ich mit Personen bekannt oder von ihnen abhängig?
- Wie aussichtsreich ist die Supervision und wie wahrscheinlich ihr Erfolg?
- Sind die Rahmenbedingungen für mich akzeptabel bzw. kann ich akzeptablere Rahmenbedingungen im Laufe der Zeit herstellen?
- Habe ich genügend Spielraum, um meine eigenen Bedingungen durchzusetzen, oder wird von mir erwartet, daß ich mich lediglich anpasse?

- Arbeiten andere BeraterInnen in der Organisation, mit denen ich mich vernetzen kann oder wird dies nicht gewollt?
- Habe ich Kontakt zu den Ratsuchenden bekommen und andererseits genügend Distanz aufrecht erhalten können? Mag ich die Leute?
- Habe ich mich kompetent und im Vollbesitz meiner Kräfte gefühlt oder habe ich mich hineingezogen, behindert oder verwickelt gefühlt und Partei ergriffen?

Geht die Prüfung dieser Vorbedingungen auf einer oder auf beiden Seiten negativ aus, so ist damit der Supervisionsprozeß beendet.

6.3 Problemdiagnose

Nicht immer gelingt es, schon innerhalb dieses Vorgesprächs eine Diagnose des Problems, das das ratsuchende System hat, zu stellen.[42] Häufig sind die Erwartungen an Supervision so diffus und die potentiellen SupervisandInnen haben sich bis jetzt so wenig in reflektierender Weise mit ihren Schwierigkeiten beschäftigt, daß es zunächst notwendig ist, diese Diagnose gemeinsam zu erarbeiten. Man führt dann eine sogenannte Erhebung des »Ist-Zustandes« durch, in der man Daten darüber sammelt, was an der jetzigen Arbeitssituation produktiv und was verbesserungswürdig ist. Dies geschieht einmal im Hinblick auf die KlientInnen und zum anderen auf die Kooperationsbeziehung untereinander, zur Leitung oder zu anderen Abteilungen, Teams etc. SupervisorIn und SupervisandInnen erarbeiten dann gemeinsam mit Hilfe von Prioritätensetzungen Ziele für die Supervision. Es kann vorkommen, daß der Erkenntnisgewinn dieser Phase für die SupervisandInnen schon so groß ist, daß sie weiterer Beratung nicht bedürfen. In diesem Falle klärt man mit ihnen, wie, wo und mit wem sie diese Beratungsergebnisse umsetzen wollen. Im anderen Fall kann man nun zur Kontraktphase übergehen.

6.4 Kontrakt

Sind die Ziele der Supervision, die zu beteiligenden Personen und andere Rahmenbedingungen - entweder nach dem Sondierungsgespräch oder nach der Vorphase der Problemdiagnose - klar, dann schließt man einen meist schriftlichen Kontrakt miteinander. Dieser regelt alle formalen Rahmenbedingungen des Supervisionsprozesses wie Zeit, Rhythmus, Dauer, Honorar, teilnehmende Personen, benennt die Ziele der Supervisionsarbeit, enthält Regelungen für ausgefallene Sitzungen und die Art der Einbindung der Leitung in die Supervision. Der Dreieckskontrakt wird zwischen dem Financier, den SupervisionsnehmerInnen und dem/der SupervisorIn geschlossen. Hier sollte schon festgelegt werden, in welcher Weise Ergebnisse der Supervision in die Organisation einfließen können, wie also die Leitung informiert werden kann. Eine institutionalisierte Form der Rückkopplung, zu der alle Beteiligten Zugang haben, ist auf jeden Fall Gesprächen »zwischen Tür und Angel«, in denen der/die SupervisorIn vom Vorgesetzten nach dem Fortschritt gefragt wird, vorzuziehen. Die Zielkontrolle in der Mitte oder am Ende des Supervisionsprozesses - d.h. Auswertungsgespräche, zu denen die Leitung eingeladen wird - trägt dazu bei, daß der/die SupervisorIn durch das Klientensystem kontrolliert werden kann. Arbeitet man inzwischen an anderen Zielen, so müssen entweder die Verträge im gegenseitigen Einvernehmen verändert werden oder beide Parteien können sich wechselseitig an ihre Verpflichtung auf ein bestimmtes Ziel erinnern und die Abweichungen korrigieren.

Jeder Supervisionsprozeß sollte zeitlich begrenzt sein, damit der oder die SupervisorIn nicht zu einem Teil der Institution wird, was gelegentlich anzutreffen ist. Es gibt Teams, in denen die SupervisorIn länger als alle Teammitglieder da ist und die Kontinuität der Organisation wahrt. Mein Leitbild ist: Supervision sollte Hilfe zur Selbsthilfe leisten und die vorhandenen Ressourcen wecken, statt lange Abhängigkeitsbeziehungen, mit welchen methodisch-fachlichen Begründungen auch immer, zu konstellieren.

Die folgende Abbildung zeigt einen Vertrag über Teamsupervision, wie ich ihn abschließe, wenn keine Dreiecksverträge von den Organisationen vorgegeben sind.

Prof. Dr. phil. Kornelia Rappe-Giesecke
Dipl.-Supervisorin

Kontrakt

zwischen

_____

und Dr. Rappe-Giesecke über eine Teamsupervision.

- Vereinbart werden ___ Sitzungen von ___ Stunden Dauer, die in der Regel 14tägig, dreiwöchig, monatlich in _____ stattfinden.

- Teilnehmen werden

_____

- Das Honorar von _____ DM plus 16% Mehrwertsteuer trägt

_____

- Themen der Supervisionsarbeit werden sein

_____

- Folgende Vereinbarungen werden hinsichtlich Rückkopplungs- oder Auswertungsgesprächen mit der Leitung des Teams getroffen:

_____

- Lassen die Supervisandinnen und Supervisanden weniger als 3 Tage vor dem vereinbarten Termin eine Sitzung ausfallen und kann nicht im gegenseitigen Einvernehmen ein Ausweichtermin gefunden werden, so muß die Sitzung bezahlt werden.

- Grundsätzlich sind Supervisorin und Supervisandinnen sowie Supervisanden an die Schweigepflicht gebunden. Werden jedoch Dinge berührt, die Strukturen, Aufgaben und Verantwortlichkeiten der übergreifenden Organisation tangieren, so ist hiervon im folgenden Sinne eine Ausnahme möglich: Verschwiegenheit im Persönlichen und Offenheit im Strukturellen. Diese Vereinbarung betrifft insbesondere Rückkopplungsgespräche mit der Leitung.

Hannover, den _____

Die Supervisorin	Die Supervisandinnen Die Supervisanden	Der/die Vorgesetzte

Abb. 5: Vertrag über Teamsupervision[43]
© Rappe-Giesecke 1999

6.5 Supervisionsprozeß

Programme und Methoden

In dem nun beginnenden Supervisionsprozeß wird an den vereinbarten Zielen mit Hilfe verschiedener Programme gearbeitet: Mit der Fallarbeit, der Institutionsanalyse, der Selbstthematisierung oder einer Programmkombination.

Unter **Fallarbeit** versteht man das Besprechen von konkreten Interaktionssituationen, die zwischen den SupervisandInnen und ihren KlientInnen stattgefunden haben. Das Vorgehen bei der Falleinbringung und -bearbeitung werde ich bei der Darstellung der Einzel- und Gruppensupervision (s.u. in diesem Kapitel) beschreiben.

Institutionsanalyse wird in der Team-, aber auch in der Einzelsupervision angewandt, um die institutionellen Rahmenbedingungen der Arbeit mit den KlientInnen oder der Kooperation mit KollegInnen bzw. Vorgesetzten zu rekonstruieren. Die institutionellen Rahmenbedingungen wie Ziele, Arbeitsteilung, Selbstverständnis und Kultur der Organisation, Typisierung ihres Klientels, Regelung der Fach- und Dienstaufsicht und ihr gesellschaftliches Ansehen wirken sich neben der Persönlichkeit und der Professionszugehörigkeit der MitarbeiterInnen erheblich auf jede professionelle Interaktion aus. Diese verschiedenen Ebenen auseinanderzuhalten und zu sortieren, ist meist der erste Schritt beim Verstehen der Probleme.

Wenn es nun sowohl um die Verbesserung der professionellen Beziehung zu KlientInnen gehen soll als auch darum, die institutionellen Rahmenbedingungen der Arbeit mit zu reflektieren und ggf. zu ändern, dann sollte man sich für eine Kombination aus diesen beiden Programmen entscheiden und in einer für alle nachvollziehbaren Weise den Wechsel zwischen diesen steuern.[44] Erfahrungsgemäß muß man Fallarbeit und Institutionsanalyse in eine bestimmte zeitliche Abfolge zueinander setzen; beides gleichzeitig zu machen führt auf die Dauer zu einer Desorientierung auf beiden Seiten.

Selbstthematisierung ist das dritte Programm, mit dem ich in jedem Setting arbeite und das die Programme Fallarbeit und Institutionsanalyse ergänzt.[45] Selbstthematisierung erfüllt die Aufgabe der permanenten Selbstreflexion des Supervisionssystems. Supervision versteht sich als selbstreferentielles System, das lernt, indem es sich selbst untersucht, das Fremdes versteht, indem es sich selbst versteht. Das Umschalten von einem anderen Programm zur Selbstthematisierung ist indiziert, wenn Krisen und Irritationen auftauchen oder man nicht mehr an den vereinbarten Zielen weiter arbeiten kann. Man schaltet dann um, »kippt die Bühne«, versucht, sich über die verschiedenen Bewertungen der Situation zu verständigen und fragt sich, welchen Sinn es macht, daß man jetzt nicht zielbezogen weiter arbeiten kann. Aus dem dann entstehenden wenig strukturierten, prozeßbezogenen Vorgehen entwickelt sich in der Regel eine Antwort auf diese Frage und eine Lösung für das Problem, das man im anderen Programm nicht lösen konnte. Der Wechsel von zielbezogenem Vorgehen, also von Struktur zu Chaos, das neue Strukturen produziert, kennzeichnet dieses Programm. Hier können im Rahmen der Supervision Programmwechsel, Metakommunikation und die Möglichkeit der Problemlösung durch Selbstanalyse erlebt und gelernt werden.

Settings
In den unterschiedlichen Settings wie Einzel-, Gruppen- und Teamsupervision wird mit verschiedenen Programmen bzw. Programmkombinationen gearbeitet. Ich differenziere hier die Beschreibung des Ablaufs des Supervisionsprozesses aus und erläutere sowohl, wie in der Einzel- und Gruppensupervision als auch in der Teamsupervision gearbeitet wird.

In der **Einzelsupervision**[46] geht es in der Regel um Probleme mit KlientInnen und auch KollegInnen. Hier steht die Persönlichkeit der Supervisandin bzw. des Supervisanden mehr im Mittelpunkt als bei der Gruppen- oder Teamsupervision. Der Anteil an Selbsterfahrung ist also in der Regel größer als in anderen Settings. Einzelsupervision bietet einen geschützten Rahmen, in dem man sich mit seinem professionellen Selbstverständnis, den eigenen biographischen Anteilen bei der Entscheidung für eine Profession oder den eigenen Möglichkeiten und Grenzen bei der Ausübung der beruflichen Rolle auseinandersetzen kann.

Fallbezogene Arbeit[47] läuft etwa so ab: Der/die SupervisandIn wählt sich zu Beginn einer Stunde eine Situation aus ihrem momentanen professionellen Alltag aus, die ihr gerade besonders problematisch und bearbeitenswert erscheint. Gemeinsam mit der Supervisorin versucht er/sie, die Komplexität dieser Situation aufzufächern: Was ist ihr persönlicher Anteil daran, wie spielt ihre professionelle Rolle und ihr Selbstverständnis da hinein, welche Auswirkungen haben die institutionellen Rahmenbedingungen und in welcher Weise haben die KlientInnen die Situation beeinflußt?

Nachdem alle diese Ebenen angesprochen und verstanden worden sind, kann man zu einer veränderten Formulierung des Problems kommen. Dies stellt schon die erste Entlastung dar, da die SupervisandInnen mit einem eher diffusen Eindruck von einer Situation in die Supervision kommen. Der nächste Schritt ist, zu überlegen, in welcher Weise man unter Berücksichtigung der personellen und auch der institutionellen Gegebenheiten diese Situation für sich und andere besser lösen und produktiver gestalten kann.

In der nächsten Sitzung kann man dann nachschauen, ob sich die vorläufigen Hypothesen bestätigt haben. War es der Supervisandin bzw. dem Supervisanden möglich, die Situation anders zu gestalten oder sie besser zu ertragen, wenn sie schon nicht veränderbar erscheint? Neben der jetzt ausführlich beschriebenen klientenbezogenen Supervision im Rahmen des Einzelsettings hat natürlich auch die rollenbezogene Supervision hier ihren Platz. Worum es da geht, habe ich im vorigen Kapitel beschrieben.

Gruppensupervision - auch als »Balintgruppenarbeit« bekannt - ist für Angehörige einer Profession, die in verschiedenen Organisationen, also nicht in einem Team, arbeiten geeignet. Hier steht wie in der Einzelsupervision die Arbeit an Fällen im Vordergrund. Zu Beginn der Sitzung wählen die Gruppenmitglieder jemanden aus, die oder der heute einen »Fall einbringt«. Die- oder derjenige hat dann die Möglichkeit, in einem längeren Redebeitrag eine problematische Situation aus ihrem bzw. seinem beruflichen Alltag zu erzählen. Die Gruppenmitglieder versuchen dann unter Anleitung der Supervisorin bzw. des Supervisors, diese Interaktionsszene zu verstehen, also das Erleben und die wechselseitige Wahrnehmung der beteiligten Personen zu rekonstruieren. An dieser Stelle geht es nicht darum, Ratschläge zu erteilen, wie man diese Situation hätte besser gestalten können, oder wie gutes professionelles Handeln an dieser Stelle ausgesehen hätte. In der Regel erzählen Gruppenmitglieder Fälle, weil sie weder sich noch ihre KlientInnen richtig haben verstehen und ihr Handeln nachvollziehen können. Ihnen bleibt oft nur das diffuse Unbehagen, daß dort etwas nicht gut gelaufen sei. An dieser Stelle entstehen in den Gruppen die vorher schon beschriebenen **Inszenierungen des Falles**.[48] Die Gruppenmitglieder spielen, zunächst ohne es selbst zu merken, die geschilderte Szene mit verteilten Rollen nach. Gelingt es, die Inszenierung zu stoppen, dann ist es möglich, aus dem Erleben der Gruppenmitglieder die erzählte Situation zu rekonstruieren. Die Falleinbringerin bzw. der Falleinbringer wird sich so über ihre bzw. seine Gefühle und ihre bzw. seine Wahrnehmungen klar, über die

Vorannahmen, die sie bzw. er über ihre InteraktionspartnerInnen gehabt hat und die sich vielleicht als nicht zutreffend erwiesen haben.

Kann sie oder er mit Hilfe der Gruppe und der Supervisorin bzw. des Supervisors das Problem auf den Begriff bringen, dann kann man im zweiten Schritt die unterschiedlichen professionellen Herangehensweisen an einen solchen Fall besprechen. Da ja alle im gleichen Feld arbeiten, kennen sie in der Regel ähnliche Situationen und reagieren oft in recht unterschiedlicher Weise darauf. Welche Vor- und Nachteile die verschiedenen professionellen Handlungsweisen haben, kann man hier eruieren. Diesen »Gruppenvorteil« hat diese Supervisionsform natürlich gegenüber der Einzelsupervision. Ein Vorteil der Gruppensupervision gegenüber der Teamsupervision ist es, daß die Beteiligten - die ja nicht in professionellen Abhängigkeiten voneinander stehen und sich in der Regel auch nicht kennen sollten - sich ohne Furcht vor Sanktionen freier äußern können und auch ein Stück mehr von sich preisgeben können, als dies in der Teamsupervision passiert. Gruppensupervision kann so zu einem Instrument der Professionsentwicklung werden.

Teamsupervision[49] wird angefragt, weil Teams über problematische KlientInnen sprechen wollen oder weil Probleme in der Kooperation aufgetreten sind. Fallsupervision in Teams, also die Arbeit an den Beziehungen zu den KlientInnen setzt voraus, daß es keine massiven institutionellen Konflikte im Team gibt. Der Ablauf der Fallsupervision bei Teams ist etwas anders als in der Gruppensupervision, da in der Regel mehrere TeilnehmerInnen die Klientin oder den Klienten kennen oder gemeinsam mit ihr oder ihm arbeiten.[50] Das Team einigt sich zu Beginn der Sitzung darauf, über welche Klientin oder welchen Klienten gesprochen werden soll. Jemand beginnt dann mit der Erzählung über Probleme mit dieser Person, in die sich die anderen Teammitglieder nach und nach »einklinken«. Arbeiten alle Teammitglieder mit der betreffenden Klientin oder dem betreffenden Klienten, dann geht es zunächst darum, die verstreuten Informationen zusammenzutragen, die entstandene Arbeitsteilung zu reflektieren, die unterschiedlichen emotionalen Reaktionsweisen zu sammeln, um dann letztendlich zu einer gemeinsamen Haltung gegenüber der Klientin oder dem Klienten zu finden. Arbeitet nur ein Teammitglied mit der Klientin oder dem Klienten, wie z.B. in einer psychologischen Beratungsstelle, dann entwickelt sich die Fallarbeit wie in der Gruppensupervision, wo auch die anderen die KlientInnen nicht kennen.

Geht es um Kooperationsprobleme im Team, dann sollte man im Programm Institutionsanalyse zwei Ebenen bearbeiten: die institutionelle und die gruppendynamische. Zur Reflexion der institutionellen Ebene gehören Fragen wie: Ist dem Team seine Aufgabe klar? Gibt es eine klare Arbeitsteilung? Wo gibt es Schnittstellen? Wie organisiert es seine Informations-, Entscheidungs- und Problemlösungsprozesse? Wie sieht die Beziehung zur Teamleitung und zu den höheren Leitungsebenen aus? Entspricht das Selbstbild des Teams dem Bild, das die Organisation von ihm hat und umgekehrt? Hier arbeitet man zunächst mit relativ rationalen Verfahren der Datenerhebung, die aus der Organisationsentwicklung kommen.

Die Ausgestaltung der institutionellen Beziehungen ist untrennbar mit der Entwicklung einer bestimmten Gruppendynamik verbunden. Die Analyse dieser gruppendynamischen Situation gehört meines Erachtens immer zur Bearbeitung der Kooperationsbeziehungen dazu. Hierzu ist es notwendig, die Komplexität der Ursachen für gruppendynamische Entwicklungen im Team aufzufächern: Sie werden erstens beeinflußt durch die psychische Dynamik, die ein Klientensystem mit einem Team typischerweise inszeniert, zweitens durch die Stellung des Teams innerhalb der übergreifenden Organisation, drittens durch die Binnenstruktur des Teams - die Ausdifferenzierung in verschiedene

Rollen, in hierarchische Ebenen und in Professionszugehörigkeiten und last but not least durch die Dauer der Mitgliedschaft im Team. Um diese Dynamik untersuchen zu können, ist es häufig nötig, die Situation in der Supervision selbst zu thematisieren, denn dort wiederholen sich die wesentlichen, dem Team problematisch gebliebenen Dinge. Aus der Analyse der Dynamik, die sich innerhalb der Supervision entwickelt hat, kann man dann Rückschlüsse auf die Dynamik im professionellen Alltag ziehen. Für Teams stellt es meist schon eine große Entlastung dar, wenn man diese verschiedenen Ebenen auseinander sortiert hat und damit einfachen Schuldzuweisungen etwas entgegensetzen kann. Gelingt es dann noch, die produktiven Anteile an den scheinbar konflikthaften Lösungsversuchen zu finden und das Team auf die gemeinsame Aufgabe hin zu konzentrieren, dann entsteht eine spürbare Entlastung, die die Voraussetzung für Veränderungsbereitschaft und Neuorientierung ist.

In der Supervision lernen die Teams auf diese Art und Weise, wie sie ihre Probleme selbständig lösen können. Die Supervisorin bzw. der Supervisor hat hier nur die Aufgabe, Teams so lange zu begleiten, bis sie ihre Ressourcen entdeckt haben und allein nutzen können. Eine dauernde Begleitung von Teams halte ich nur in einem Fall für sinnvoll, nämlich als Fallsupervision für Teams, die mit äußerst schwierigen und belastenden KlientInnen arbeiten.

Zeigt es sich, daß Probleme in der Kooperation der Teammitglieder nicht intern zu lösen sind, weil nötige Veränderungen nicht im Entscheidungs- und Ermessensspielraum des Teams oder der anwesenden Teamleitung liegen, gibt es die Möglichkeit, im Rahmen einer Organisationsentwicklung, für die andere BeraterInnen geholt werden, alle Beteiligten an einen Tisch zu holen. Werden dort Strukturveränderungen angegangen, so kann es in der Teamsupervision bei Strukturreflexion bleiben.

6.6 Auswertung und Rückkopplung

Der Supervisionsprozeß sollte auf jeden Fall mit einer Auswertungssitzung abgeschlossen werden. Fragen wie: Haben wir das gesteckte Ziel erreicht, oder hat sich unser Ziel im Laufe der Zeit geändert und wenn ja warum? Wo waren wir erfolgreich? Welches Vorhaben konnte weshalb nicht gelingen? Wo war ich als Beraterin oder Berater hilfreich und wo nicht?, sind Gegenstand dieser letzten Sitzung. Man kann nun absprechen, daß die Leitung, die den Supervisionsprozeß bewilligt hat, zu dieser Sitzung eingeladen wird oder daß man zwei getrennte Treffen vereinbart, die unterschiedliche Schwerpunkte haben. Hier bietet sich für Teams auch häufig die Möglichkeit, die Supervisorin oder den Supervisor noch einmal als Moderatorin oder Moderator zu nutzen, um bestimmte Dinge mit ihrem Vorgesetzten zu klären.

Ist der Prozeß zur Zufriedenheit aller abgeschlossen worden, wird er beendet. Falls nicht, kann man ggf. einen neuen Vertrag über eine genau umrissene Aufgabe schließen und dann wieder beim Kontrakt in den Ablauf einsteigen.

7. Qualitätsstandards von Supervision

Supervision ist eine Dienstleistung, die nur unter Mitwirkung des ratsuchenden Systems erbracht werden kann. Die Qualität der Supervision hängt also - anders als die Qualität von industriell produzierten Produkten - zum großen Teil eben nicht nur vom Produzenten oder Dienstleister, sondern auch von den Abnehmern der Leistung ab. Die Qualität der Supervision wird also erhöht, wenn die Abnehmer, die ohnehin einen großen Anteil am Erfolg oder Mißerfolg haben, gut über die professionellen Standards von Supervision aufgeklärt sind. Sie können dann besser beurteilen, ob ihre Erwartungen an die Super vision realistisch sind - also ihre eigene Indikationsstellung überprüfen - und damit das Angebot einzelner SupervisorInnen besser bewerten sowie den Prozeß mitsteuern.

Ich übernehme die inzwischen übliche Unterscheidung zwischen Struktur-, Prozeß- und Ergebnisqualität und formuliere Standards für diese drei Dimensionen. Marianne Meinhold (1997) sieht den Unterschied zwischen fachlichen Standards einer Profession und Qualitätsstandards darin, daß in die Qualitätsstandards Kundenerwartungen einfließen:»Nicht mehr allein der Professionelle weiß und bestimmt, was für einen Klienten gut und richtig ist, sondern es wirken - im Optimalfall - alle Kundengruppen an der Definition, was eine qualitätsvolle Dienstleistung ist, mit.« (S. 30) Dies trifft bis zu einem gewissen Maße auf die folgenden Standards zu. Ich habe sie oft auf Veranstaltungen und in Crashkursen zur Einführung von Supervision und Organisationsentwicklung mit Führungskräften, Mitarbeitervertretungen und AbnehmerInnen diskutiert. AbnehmerInnen von Supervision, die diese Standards kennen, werden sicherlich in Verhandlungen mit SupervisorInnen dazu beitragen, daß der Anteil an Kundenerwartungen, der in die Weiterentwicklung dieser Standards eingehen wird, steigt.[51]

7.1 Strukturqualität

Darunter versteht man die Ausgestaltung der Rahmenbedingungen, die materiellen Ressourcen, die personellen Ressourcen und die Strukturen der Organisation.[52]

Zum ersten Bereich gehört die Sicherstellung der Finanzen und der zeitlichen Ressourcen der MitarbeiterInnen und der Leitung für die Supervision. Supervision ist keine Privatsache, sondern sollte innerhalb der Arbeitszeit stattfinden. Man fragt sich zu Beginn des Prozesses, ob die bereitgestellten Ressourcen der notwendigen Maßnahme entsprechen oder nicht. Drei bewilligte Sitzungen, die dann noch in der Freizeit der MitarbeiterInnen stattfinden sollen, sind zu wenig, um eine qualitativ gute Supervision durchzuführen. Es ist unwahrscheinlich, daß ein komplexes Problem innerhalb von drei Sitzungen bearbeitet werden kann. Außerdem ist die Supervision in diesem Falle auch innerhalb der Organisation marginalisiert und zur Folgenlosigkeit verurteilt. Die Finanzierung der Supervision und die Sicherstellung der zeitlichen Ressourcen sind Teil des schriftlichen Kontrakts.

Zu diesem Bereich gehört auch Klarheit darüber, wer die Dienstleistung bezahlt und wer der Abnehmer dieser Dienstleistung ist.[53] Ein Dreieckskontrakt zwischen diesen drei Parteien macht die Strukturqualität von Supervision aus.

Das Vorhandensein personeller Ressourcen ist in zweifacher Hinsicht zu klären, einmal hinsichtlich der Auswahl der SupervisorInnen und zum anderen mit Blick auf die Auswahl der SupervisandInnen. Einmal wählt das ratsuchende System die Supervisorin oder den Supervisor aus, die oder der diese Wahl aber auch noch einmal selbst nachvollziehen muß: Bin ich für diese Organisation, diese Zielsetzung, für diese Professionellen, die mit diesem Klientel arbeiten, geeignet? Diese Frage ist einmal auf der fachlichen und zum anderen auf der Ebene des Arbeitsbündnisses zu klären. Zum professionellen Wissen von SupervisorInnen gehört es, Hypothesen darüber zu haben, welche Personen an der Lösung welcher Probleme beteiligt werden müssen. Hier muß man die Interessen des Klientels und die Vorstellungen der SupervisorInnen aushandeln. Geklärt werden muß an dieser Stelle auch, daß man Zugang zu Personen erhalten kann, die nicht unmittelbar an der Supervision beteiligt sind, z.B. zu Führungskräften. Nicht zuletzt ist die Verfügung über angenehme Räumlichkeiten ein entscheidender Faktor. Ein zu kleiner Raum, eine lieblose Ausstattung und die beständige Störung durch KollegInnen oder KlientInnen wirkt sich nachteilig auf die Atmosphäre in der Supervision aus.

Die Qualität des Ergebnisses der Supervision hängt entschieden davon ab, inwieweit es gelingt, die *Supervision in der Organisation zu vernetzen und zum anderen ihr genügend Autonomie* zu verschaffen. Supervision, die funktionalisiert werden soll, um MitarbeiterInnen zu überprüfen und Kündigungsgründe zu sammeln, oder Supervisionen, für die bestimmte Themenbereiche innerhalb der Organisation tabu sind, entwickeln nicht genügend Autonomie, um einen Prozeß der produktiven Selbstreflexion in Gang setzen zu können. Hingegen tragen sogenannte »Nischensupervisionen« eher zur Zementierung der Verhältnisse, über die man klagt, bei, als daß sie eine wirkliche Entlastung für die SupervisandInnen schaffen. Zu diesem Bereich gehört die Regelung der Schweigepflicht. Ich handhabe sie inzwischen so, daß ich und auch die SupervisandInnen keine Auskünfte über persönliche Dinge geben, die besprochen werden, daß aber für alles, was die Strukturen und Prozesse der Organisation anbetrifft, diese Schweigepflicht nicht gilt. Meine Formulierung im Kontrakt lautet »Verschwiegenheit im Persönlichen und Offenheit im Strukturellen.« (vgl. S. 67) Zur Vernetzung innerhalb der Organisation sollte auch gehören, daß man alle dort arbeitenden Beraterinnen und Berater an einen Tisch holt und das Vorgehen und die Arbeitsteilung bespricht. Organisationen halten sich oft ganze Beraterkränzchen, die sich dann - oft ohne es zu wollen und zu wissen - gegenseitig in ihrer Arbeit lahmlegen. Die Organisation kann sich dann damit rühmen, daß sie doch viel für die Mitarbeiterinnen und Mitarbeiter tut und die BeraterInnen können sich auf ihre Schweigepflicht und auf die Grenzen ihres Settings berufen, was in diesem Falle aber nichts weiter als eine defensive Routine darstellt.[54] Zur Strukturqualität gehört also, daß sich die Organisation ein Konzept für den Einsatz von externen und auch internen BeraterInnen erarbeitet und daß die BeraterInnen bereit sind, miteinander zu kooperieren.

Als letztes Merkmal der Strukturqualität läßt sich folgendes nennen: *Die Komplexität des Beratungssystems muß der des ratsuchenden Systems entsprechen.* Ein einfaches Beispiel: Man kann Probleme in der Kooperation der MitarbeiterInnen produktiver in einem Setting der Teamsupervision lösen als in dem einer Einzelsupervision. Wiederum können dyadische Beziehungen zwischen Professionellen und ihren KlientInnen gut in der dyadischen Beziehung zwischen SupervisorIn und SupervisandIn im Setting der Einzelsupervision bearbeitet werden. Wenn es um Organisationen geht, dann müssen sich die SupervisorInnen auch selbst als ein *organisiertes Sozialsystem* konstituieren und verstehen, d.h. einer ratsuchenden Organisation muß eine Organisation von BeraterInnen gegenübertreten. Organisationen können sich nur in Organisationen spiegeln, Personen nur in Personen, Dyaden nur in Dyaden und Gruppen nur in Grupppen. Da die Spiegelung ein wesentliches Arbeitsinstrument ist, muß das Beratungssystem so konstruiert sein, daß diese Spiegelungen auftreten und bearbeitet werden können.[55] Wir haben es also mit vier Systemen zu tun, die sich ineinander spiegeln können: dem ratsuchenden System, dem auftraggebenden System, dem BeraterInnensystem und dem Beratungssystem, das sie miteinander neu konstituieren. Alle müssen einen annähernd gleichen Grad an Komplexität aufweisen.[56]

7.2 Prozeßqualität

Prozeßstandard von Supervision ist es, daß alle Phasen des Supervisionsprozesses, wie ich ihn im Kapitel 6 dargestellt habe, durchlaufen werden. Findet ein Sondierungsgespräch statt, das mit einer vorläufigen Diagnose des Problems und einer Indikationsstellung für

Supervision abschließt? Wenn nicht, vereinbart man eine Vorphase der Problemdiagnose, die mit einer Liste von zu bearbeitenden Themen, einer gemeinsamen Entscheidung für ein Setting und seitens des Supervisors mit der Wahl eines oder mehrerer Programme abschließt? Wird ein schriftlicher Kontrakt abgeschlossen? Arbeitet man im Supervisionsprozeß an den vereinbarten Zielen und mit den vereinbarten Methoden? Gibt es Auswertungs- und Rückkopplungssitzungen, in denen man sich über die wechselseitigen Einschätzungen der Ergebnisse der Supervision und über mögliche Folgen der erarbeiteten Sichtweisen und Lösungen für die professionelle Praxis verständigt? Praktiziert das Supervisionssystem bei Bedarf Selbstthematisierung?

Dem Wechsel von einer Phase zur nächsten sollte eine gemeinsam erarbeitete Ergebnissicherung vorausgehen. Die sieht z.B. am Ende der Sondierungsphase so aus: Auf welche vorläufige Diagnose des Problems haben wir uns geeinigt? Welches Setting erscheint uns als geeignet? Können SupervisorInnen und SupervisandInnen ein Arbeitsbündnis schließen? Auf welches Ziel für die Supervision haben wir uns verständigt? Erst wenn diese Ergebnissicherung von allen ratifiziert ist, kann man zur nächsten Phase übergehen. Alles, was man hier nicht klärt und worüber keine sozial ratifizierte Einigung stattgefunden hat, kommt in der nächsten Phase wieder und ist dann ungleich schwieriger zu lösen. Hat man sich z.B. nicht die Frage gestellt, was das Ziel der Supervision ist, so wird dies als latentes Thema, das sich auf der psychodynamischen Ebene vielleicht in Unsicherheit oder Enttäuschung ausdrückt, den weiteren Prozeß begleiten. Der Wechsel zwischen den Phasen muß deutlich markiert und vom gesamten System, also nicht nur von dem/der SupervisorIn, ratifiziert sein.

Es ist kein Zeichen von mangelnder Qualität, wenn sich das Supervisionssystem im laufenden Prozeß immer mal wieder mit der Frage beschäftigt, ob das Setting und der Kontrakt noch passen und die Methode noch angemessen ist. Die permanente Selbstreflexion des Supervisionssystems ist ein Standard von Prozeßqualität.

Bei der Arbeit innerhalb der einzelnen Sitzungen sollte man sich »nicht sklavisch« an vereinbarte Themen und Abläufe in dem jeweiligen Programm halten. Supervision arbeitet mit der Differenz zwischen dem Ablauf nach der Normalform und den real vorkommenden Abweichungen davon.[57] Das Qualitätskriterium ist, daß Abweichungen stattfinden - denn nur dann ist genügend Raum für selbstreflexives Lernen gegeben - und daß diese Abweichungen bearbeitet, verstanden und zur Lösung des jeweiligen Problems benutzt werden. Hier wird deutlich, daß selbstreferentiell arbeitende Organisationen noch andere Qualitätskriterien haben als solche, die auf die Produktion von Produkten ausgerichtet sind, denen es also um die Vermeidung von Abweichungen gehen muß.

7.3 Ergebnisqualität

Die Qualität der Supervision zu überprüfen, ist die Aufgabe, die das Supervisionssystem bei der Zwischenauswertung und der abschließenden Auswertung hat. Folgt man dem systemischen Paradigma, *so können letztlich nur die Systeme selbst bestimmen, was Erfolg ist und was nicht*. Aus diesem Grunde ist das Bewerten mit systemfremden Kategorien ein für selbstreferentielle Organisationen nicht angemessenes Handeln und Denken.[58] Eine Lösung, die man hier sinnvollerweise praktizieren kann ist es, sich nach einem halben Jahr zu einem follow up-Termin zu treffen und aus dieser Distanz heraus zu bewerten, welche Ergebnisse die Supervision für die alltägliche Praxis gebracht hat.

Die folgenden Ausführungen möchte ich so verstanden wissen, daß sie den Systemmitgliedern Kategorien an die Hand geben, mit deren Hilfe sie ihre Supervisionsprozesse auswerten können. Ich unterscheide dazu zwischen:

• Sicht- und meßbaren Veränderungen im Verhalten der SupervisandInnen
• Veränderungen in deren Haltungen und Einstellungen und
• der Weiterentwicklung ihrer Schlüsselkompetenzen.

Sicht- und meßbare Veränderungen sind einerseits am leichtesten wahrzunehmen, andererseits taucht sofort die Frage auf, ob diese Veränderungen nun allein auf die Supervision zurückzuführen sind oder nicht.[59] Diese sichtbaren Veränderungen muß man auf das formulierte Ziel der Supervision beziehen. Wird die Arbeit mit den Klienten jetzt besser koordiniert und woran merken wir das? Treffen wir jetzt klare Absprachen und halten wir sie ein? Sprechen wir mit unseren Klienten Setting und den Ablauf der Arbeit sowie das Ziel deutlich ab? Auf die operationalisierbare Ebene bringt man diese Fragen leicht, wenn sich die Beteiligten in systemischer Weise danach fragen: Woran merken wir das?

Daß die *Veränderung von Haltungen und Einstellungen* eine enorme Wirkung auf KlientInnen oder auf KollegInnen hat, erlebt man immer wieder, wenn nach einer gelungenen Bearbeitung die SupervisandInnen das nächste Mal wiederkommen und sagen, sie hätten gar nichts anders gemacht, aber das Gegenüber wäre wie verwandelt gewesen. Sicher haben sie, ohne es selbst deutlich wahrgenommen zu haben, veränderte Signale auf der nonverbalen Ebene gesendet. Veränderte Haltungen und Einstellungen kann man nur dann durch Befragungen feststellen, wenn die SupervisandInnen in der Lage sind, sich selbstreflexiv zu verhalten. Welche Haltungsveränderungen jedoch als Erfolg bewertet werden, hängt zum einen von den Werten der SupervisandInnen und zum anderen von denen des Supervisors ab. Aus diesem Grunde sollten die SupervisorInnen ihre eigenen Werte gut kennen. Zur Selbstanalyse kann man folgenden Fragenkatalog verwenden, der ein Wertesystem repräsentiert und dem Ziel der sozialen und individuellen Selbstreflexion verpflichtet ist.[60]

• Stimmt die Botschaft, d.h. das, was die SupervisandInnen sagen und das reale Handeln stärker überein als zu Anfang?
• Ist die Supervisandin oder der Supervisand authentischer geworden?
• Sind sie zufriedener mit ihrer Arbeit?
• Stehen sie in einem besseren Kontakt zu ihrer inneren Welt?
• Sind sie sich über ihr eigenes Menschenbild und ihre Werte klarer geworden?
• Ist es ihnen möglich, in Rechnung zu stellen, daß es verschiedene Sichtweisen auf das gleiche Phänomen gibt und nicht nur ihre eigene wahr ist?
• Begegnen sie sich selbst, ihren KlientInnen und ihren KollegInnen mit Wertschätzung?
• Sind sie in der Lage, ressourcenorientiert und nicht nur defizitorientiert zu arbeiten?
• Sind sie stärker in der Lage, sich selbst zu regulieren als zu Beginn der Supervision, wo sie ihre Selbstregulationskraft in Teilen nicht nutzen konnten?
• Verstehen sie mehr von dem Gleichgewicht zwischen Veränderung und Beharrung, indem sich jedes psychische und soziale System befindet? Können sie Widerstände gegen Bewußtwerdung oder Veränderung positiv werten?
• Können sie sowohl aufgaben- als auch prozeßorientiert denken und arbeiten?
• Haben sie gegenüber ihren KlientInnen und gegenüber ihren KollegInnen ein Selbstverständnis als DienstleisterIn entwickeln können?

- Haben sie verstanden, daß die Welt komplex ist, man also im professionellen Handeln beständig Komplexitätsreduktion betreiben muß, sich aber über die Regeln, nach denen man diese Komplexitätsreduktion vornimmt, bewußt sein soll?

Weiterentwicklung der Schlüsselkompetenzen
Richter schreibt in seiner Arbeit über Schlüsselqualifikationen, daß sich Fähigkeiten wie z.B. Kommunikations- und Kooperations- oder Problemlösungsfähigkeit, die sich aus der Verbindung verschiedener skills mit realen Erfahrungen entwickeln, erst durch eine wertebezogene Reflexion zu Kompetenzen entwickeln können.[61] In diese wertebezogene Reflexion geht zum einen das Menschenbild des Professionellen und gehen zum anderen seine Werte und Normen ein. (1995, S. 45) Ich denke, daß dieser Reflexionsprozeß einen großen Teil der Arbeit in der Supervision ausmacht. Supervision trägt dazu bei, Erfahrungen zu verarbeiten, sich Rechenschaft darüber abzulegen, welche einzelne Fertigkeiten und welche Fähigkeiten man mitbringt und welche Werte und Normen einen leiten. Erst aus der Reflexion über das Zusammenspiel dieser verschiedenen Ebenen entsteht Methoden-, Sozial- und Selbstkompetenz. Supervision ist erfolgreich, wenn die Beteiligten feststellen, daß am Ende des Prozesses diese Kompetenzen gewachsen sind. Die folgende Aufzählung macht Aussagen darüber, was die einzelnen Kompetenzen beinhalten, man kann sie auch als Fragenkatalog für die Evaluation benutzen.

»*Methodenkompetenz* ist die geplante und zielgerichtete Umsetzung des Fachwissens. Sie hält Methoden bereit, mit deren Hilfe Probleme
- analytisch gelöst werden können,
  also eine systematische Annäherung an eine Problemstellung;
- kreativ gelöst werden können,
  also eine u.U. unorthodoxe Lösung der Probleme und die Neukombination von Informationen;

- strukturiert gelöst werden können,
  also eine Klassifizierung von Information zur Problemlösung;
- kontextuell gelöst werden können,
  also Zusammenhänge und Interdependenzen erkannt, aufgezeigt
  und in der Problemlösung berücksichtigt werden können;
- kritisch gelöst werden können,
  also Bestehendes in Frage gestellt werden kann, um so zu innovativen Problemlösungen zu gelangen;
- dezisionistisch gelöst werden können,
  also die Abwägung von Chancen und Risiken der Problemlösung.«
  (Richter, 1995, S. 35)

Sozialkompetenz als zweite Schlüsselkompetenz umfaßt Fähigkeiten, die MitarbeiterInnen brauchen, wenn sie nicht als EinzelkämpferInnen, sondern in kooperierenden Gruppen und unter neuen Führungsmodellen arbeiten. Es sind dies:
- »Teamfähigkeit
- Kooperationsfähigkeit
- Konfliktfähigkeit
- Kommunikationsfähigkeit.«
  Dieser Auflistung von Richter (1995, S. 35) würde ich die Fähigkeit zu sozialer Selbstreflexion hinzufügen.

Der Umgang mit sich selbst, also die *Selbstkompetenz* als dritte Schlüsselqualifikation meint:
- »die Fähigkeit zum Selbstmanagement,
- der kompetente Umgang mit Selbst-Wert,
- die Entwicklung eines individuellen Wertehorizontes und Menschenbildes,
- die reflexive Auseinandersetzung mit sich selbst,
- die Fähigkeit zu beurteilen und die Fähigkeit, sich selbst weiterzuentwickeln.« (1995, S. 36)

Last but not least ist das subjektive Gefühl der Zufriedenheit sowohl von SupervisandInnen und SupervisorInnen als auch von KlientInnen oder KundInnen ein wichtiger Maßstab für den Erfolg der Supervision.

Die Supervisorin oder der Supervisor kann diese Kategorien selbst nutzen, um die Supervision für sich zu evaluieren.

Gibt es in meiner Vorgehensweise meßbare und sichtbare Veränderungen? Habe ich meine Haltung oder Einstellung durch die Begegnung verändert? Habe ich meine Schlüsselkompetenzen weiterentwickelt? Erfolgreich verlaufende Supervisionen sind auch für SupervisorInnen eine gute Grundlage für den Start in neue Supervisionsvorhaben.

7.4 Wissen und Kompetenzen von guten SupervisorInnen

Die folgenden Ausführungen könnte man auch unter das Oberthema Strukturqualität in die Kategorie *Die Ressource SupervisorIn* einordnen.

Was kann man von guten Supervisorinnen und Supervisoren erwarten? In erster Linie natürlich, daß sie ihr Handwerkszeug beherrschen. Dazu gehört das Fachwissen, bestimmte Fertigkeiten und Fähigkeiten.

SupervisorInnen müssen heute aufgrund der Mehrdimensionalität von Supervisionssystemen **Wissen** haben über:
• Theorien des Individuums, seiner intrapsychischen Strukturen und Prozesse
• Theorien der Gruppe: Phasen der Gruppenentwicklung und der psychischen Arbeitsteilung in der Gruppe

- Theorien der Organisation wie z.B. die vier Dimensionen Differenzierung, Komplexität, die selbstreferentielle und die dynamische Dimension[62], der Typen und der historischen Entwicklung
- Phasen des Beratungsprozesses
- Aktionsforschung
- Wissen über die Dynamik von Veränderungsprozessen
- Wissen über ideale Abläufe von Entscheidungs-, Problemlösungs- und Informationsprozessen.

Zu den methodischen Kompetenzen gehört
- die Fähigkeit zur Gesprächsführung,
- die Fähigkeit zur Arbeit mit Gruppen,
- die Fähigkeit zur Arbeit mit Subsystemen von Organisationen, insbesondere an ihrer Identität,
- die Fähigkeit, den Rahmen für Lernprozesse von Einzelnen oder Gruppen gestalten zu können,
- die Fähigkeit, Präsentationstechniken und Moderationstechniken gezielt einsetzen zu können,
- die Fähigkeit, Konflikte in selbstreferentieller Weise zur Lösung von Problemen nutzen zu können,
- die Fähigkeit, Wissen über Individuen, Organisationen oder Gruppen gezielt in der Supervision einsetzen zu können,
- die Fähigkeit, wertbezogene Selbstreflexionsprozesse in Gang setzen und begleiten zu können,
- die Fähigkeit, sich selbst - als Person und Rolle - und das Beratungssystem zum Medium des Lernens machen zu können.

Welche Erwartungen kann man weiterhin an einen Supervisor oder an eine Supervisorin haben?[63]
Man kann erwarten, daß sie ihre **Fähigkeiten und Grenzen** kennen. Sie sollten im Einzelfall einschätzen können, ob sie über genügend Feldkompetenz, d.h. Wissen über die betreffende Organisation oder

Profession verfügen, um qualifiziert beraten zu können. Sie sollten wissen, ob sie die Methoden beherrschen, die für das Erreichen des gesetzten Supervisionsziels optimal sind. Ratsuchende können auch von ihnen erwarten, daß sie einschätzen können, ob sie in der Lage sein werden, eine tragfähige Arbeitsbeziehung zu den SupervisandInnen herzustellen, was einen guten emotionalen Kontakt einschließt. Meine Erfahrung ist, daß man dann Leute am besten beraten kann, wenn man sie mag und sie so akzeptieren kann, wie sie sind. Jede Supervisorin bzw. jeder Supervisor hat besondere Fähigkeiten, um bestimmte Typen von Menschen und Organisationen, bestimmte Professionen oder bestimmte Felder zu beraten. Gute SupervisorInnen wissen das. Vorsicht ist bei solchen SupervisorInnen angesagt, die alles können.

Ratsuchende können drittens von SupervisorInnen erwarten, daß sie sich mit der **Aufgabe, die diese Organisation oder deren Subsysteme zu erfüllen haben, identifizieren.** Hält man z.B. kirchliche Sozialarbeit oder Frauenhausarbeit für ein höchst fragwürdiges ideologisches Unterfangen, so sollte man keine Aufträge aus diesem Feld annehmen. Die Identifikation mit der Aufgabe, an deren Erfüllung alle Organisationsmitglieder in unterschiedlichem Maße beteiligt sind, ist eine wesentliche Voraussetzung dafür, daß man sich allparteilich verhalten kann. Die Verführung, sich mit Partialinteressen einiger Organisationsmitglieder gegen andere zu identifizieren - die manche Supervisionaufträge enthalten - verspricht auf Dauer keine produktive Lösung für deren Probleme. SupervisorInnen sollten also in der Lage sein, sich mit verschiedenen Standpunkten und Perspektiven vertraut zu machen, um den Beteiligten zu helfen, d.h. den wechselseitigen Verstehensprozeß, auch wenn dies manchmal gar nicht gewünscht ist, voranzubringen. Sie sollten die Gemeinsamkeiten oder wo dies sinnvoll ist, auch die begründeten Differenzen herausarbeiten. So nützt es einem Team auf Dauer wenig, wenn es eine SupervisorIn gefunden hat, mit der es gemeinsam über die Unfähigkeit der Leitung lamentiert. SupervisorInnen müssen sich klar machen, daß es ihre Aufgabe ist, wenn sie von der Organisation bezahlt werden, der Organisation insgesamt zu helfen, ihre Aufgabe produktiver erfüllen zu können und die Arbeitszufriedenheit ihrer Mitglieder zu erhöhen. Dies gilt unabhängig davon, mit welchem Mitglied sie arbeiten.

Die Beratungskompetenz sollte in den Dienst der Selbstregulationsfähigkeit der einzelnen Ratsuchenden oder des ratsuchenden Systems gestellt werden. Dies entspricht der heute gängigen Auffassung, daß SupervisorInnen im wesentlichen **Hilfe zur Selbsthilfe** leisten sollten, sich also darauf konzentrieren, blockierte Ressourcen freizulegen und zu fördern, bis sich die Einzelnen oder das System insgesamt wieder selbst regulieren können. Unter dieser Perspektive ist das »Sich-unentbehrlich-Machen« der SupervisorIn und das »Sich-Einnisten« ins System eher kritisch zu beurteilen. Beratungen sollten immer durch eine bestimmte Aufgabenstellung und eine zeitliche Vereinbarung begrenzt werden. An der Haltung der SupervisorIn sollte deutlich werden, daß sie bereit ist, sich überflüssig zu machen, und es dem System auf Dauer zutraut, sich wieder selbst zu steuern. Dies setzt bei ihr die folgenden drei Grundhaltungen voraus: Selbstreflexionsfähigkeit, Kontrollierbarkeit und das Bemühen um eine gleichberechtigte Beziehung von Anfang an.

Supervisorinnen und Supervisoren sollten **kontrollierbar** sein. Das ist nur möglich, wenn man sich zuvor auf ein Beratungsziel geeinigt hat, und die SupervisorInnen daran gemessen werden, ob sie dazu beitragen, daß man dieses Ziel im Auge behält und es schließlich erreicht. Die Forderung: »Vertrauen Sie mir blind oder ich deute Ihnen, daß Sie ein Problem damit haben« ist ein Ansinnen, das man so ablehnen muß. Klare Vereinbarungen am Anfang darüber, was im Verantwortungsbereich der SupervisorIn liegt, sind hier vorzuziehen.

SupervisorInnen sollten in der Lage sein, mit folgender **Paradoxie** produktiv umzugehen: Einerseits ist die Supervision eine Beziehung zwischen zwei *gleichberechtigten Geschäftspartnerinnen oder Geschäftspartnern,* einer SupervisorIn und demjenigen, der ihre Dienstleistung in Anspruch nimmt. Zum anderen ist es von Anfang an eine *asymmetrische Beziehung,* denn die Ratsuchenden hoffen, daß jemand die von ihnen wahrgenommenen Inkompetenzen und Defizite ausgleichen kann. Diese Asymmetrie ist nur durch Vertrauen zu bewältigen, nachdem sie allerdings zuvor akzeptiert worden ist. Ratsuchende ernstzunehmen, gleichzeitig Irrationales und Defizitäres wahrnehmen und akzeptieren zu können und die Experten-Position nicht auszunutzen, um die Ratsuchenden von sich abhängig zu machen, ist ein schwieriger Balanceakt, dessen Bewältigung Ratsuchende von guten BeraterInnen erwarten können.

Selbstreflexionsfähigkeit ist eine weitere Kompetenz, die gute SupervisorInnen auszeichnet. Sich selbst analysieren, von außen betrachten und auch eigene Verwicklungen oder Fehler erkennen und eingestehen zu können, ist ein Ausdruck für diese Kompetenz. Zu diesem Bereich gehört es auch, Kontakt und Distanz in angemessenem Maße regulieren zu können. Eine Gefahr liegt z.B. darin, zum Gruppenmitglied zu werden, also die Rolle des Beraters oder der Beraterin zu verlieren und nicht genug Distanz behalten zu können. Eine andere Gefahr ist, so weit von den SupervisandInnen entfernt zu sein, daß man den emotionalen Kontakt zu ihnen verliert. Innerlich so frei zu sein, daß man zwischen verschiedenen Positionen oszillieren kann, ist ein Ideal, das allerdings keine Supervisorin und kein Supervisor zu jeder Zeit erfüllen kann.

Zuletzt können die Ratsuchenden von den SupervisorInnen erwarten, daß sie in der Lage sind, die **optimalen Rahmenbedingungen für die Entwicklung eines erfolgreichen Supervisionsprozesses** zu setzen. Nicht die Haltung: »Wir fangen erstmal an, dann wird sich schon alles klären«, ist hier gefragt, sondern das Schaffen von Bedingungen, die es ermöglichen, daß das gesetzte Supervisionsziel erreicht werden kann. Dies wird gelegentlich auch einmal gegen die Vorstellungen der Ratsuchenden durchzusetzen sein. Denn die Weichen werden am Anfang gestellt.

Anmerkungen

[1] Die Geschichte der Supervision wird in Heft 18 der Zeitschrift Supervision vom Dezember 1990 dargestellt. Ich beziehe mich hier auf den Artikel von Cornelis Wieringa über Entwicklungsphasen der Supervision, S. 37. Eine ausführliche Darstellung der Geschichte der Supervision findet sich bei Belardi, 1992, S. 33 ff. Die Verbindung zwischen den verschiedenen Funktionen von Supervision und der jeweiligen gesellschaftlichen Entwicklung stellt Annegret Kalter in ihrer im Studiengang Supervision an der Evangelischen Fachhochschule Hannover entstandenen Abschlußarbeit 1996 vor.

[2] Im Kapitel »Leadership and Management in Public Organizations« der »Organization Theory« von Gortner, Mahler und Nicholson 1987 finden sich im Abschnitt »Leadership at the individual and group level: The supervisors« folgende Definition: »At the productive heart of the bureau, the groups that are 'getting the work done' are led by supervisors. Supervisors are not usually involved in making policy for the bureau or even in establishing the coordinative structures. Rather, supervisors have three major focuses in all their activities: production, maintenance of individual morale, and maintenance of group cohesiveness. Higher officials decide what is to be done and how the bureau will be structured to accomplish those goals; the supervisor makes sure that the particular tasks and goals of his or her group are completed properly and productively. While supervisors must organize and coordinate their groups, the main talents they need are a combination of the skills used by their subordinates and the ability to work with those subordinates on an interpersonal level. Since they are usually chosen from the workers, supervisors can be expected to possess the requisite technical skills; thus, the area of expertise that must be either present or quickly developed is the interpersonal.« S. 321 f.

[3] Pühl 1990, S. 61

[4] Michael Balint hat die Entwicklung seiner »Training-cum-research-Gruppen« 1968 und 1976 in dem Klassiker: »Der Arzt, sein Patient und die Krankheit« dargestellt. Die Würdigung von Balints Leistung, dem es in erster Linie um Professionsentwicklung und nicht um die Entwicklung einer Supervisionsmethode ging, findet sich bei Rappe-Giesecke, 1994b

[5] Vgl. hierzu das Heft 2 der Zeitschrift Supervision, das sich 1982 mit Teamsupervision befaßte und den Aufsatz von Nellessen und Schmidt 1975

[6] Vgl. dazu das Heft 29 der Zeitschrift Supervision: Von der Teamsupervision zur Supervision in Organisationen 1996, Leffers 1995 und den Aufsatz von Angela Gotthardt-Lorenz 1994, sowie in Giesecke und Rappe-Giesecke, 1997: Der Beitrag der kommunikativen Sozialforschung zur Beratung komplexer Organisationen, S. 645 - 666

[7] Wir haben den Begriff »Soziale Selbstreflexion« geprägt, um einen zentralen Mechanismus der Erkenntnisgewinnung in Beratung und Forschung zu bezeichnen. Er grenzt sich ab gegen alleinige Erkenntnisgewinnung durch unbeteiligte Beobachtung und gegen individuell durch Selbstbeobachtung gewonnene Erkenntnisse. Vgl. dazu Giesecke und Rappe-Giesecke 1997, S. 21

[8] Isaacs definiert den Dialog als eine »anhaltende kollektive Erkundung der Prozesse, Annahmen und Sicherheiten, aus denen sich die alltäglichen Erfahrungen zusammensetzen«, 1996a, S. 183. Wie man einen Dialog initiiert, durchführt und wie er sich von gruppendynamischen Trainingslaboratorien abhebt, erläutert Ed Schein im gleichen Buch, 1996: »Über Dialog, Kultur und Organisationslernen.« Die Erforschung mentaler Modelle ist eine der fünf Disziplinen der lernenden Organisation. Das Ziel ist es, »... daß wir lernen, unsere inneren Bilder vom Wesen der Dinge an die Oberfläche zu holen, zu überprüfen und zu verbessern. ...« Peter Senge 1996, S. 213. Diese handlungsleitenden Vorstellungen sind uns in der Regel unbewußt, d.h. Individuen brauchen ein Gegenüber, um in individueller Selbstreflexion an diese Vorannahmen heranzukommen. Organisationen hingegen brauchen ein Setting, in dem sie kollektiv, vielleicht mit Hilfe von außen, ihre Annahmen in einem Prozeß der sozialen Selbstreflexion ans Licht bringen können.

[9] Den Ausdruck »triple loop«-Lernen hat Isaacs geprägt; in Weiterentwicklung des »single- und double-loop«-Lernens, welches Argyris zur Unterscheidung zwischen Lernen durch Anpassung und Lernen durch Reflexion über das bestehende System und seine Strukturen in Anlehnung an Bateson entwickelt hat. »triple-loop«-Lernen ist das Lernen darüber, wie man lernt und nach welchen Regeln und Normen man sich verhält. Vgl. Isaacs 1996a, S. 191 und Sackmann 1993b, S. 231 f.

[10] Richter versteht unter dem Begriff Handlungskompetenz die Schnittmenge von Sozial-, Selbst- und Methodenkompetenz, 1995, S. 38. Die Fähigkeit, diese drei Grundkompetenzen verfügbar zu haben und sie in Handeln umsetzen zu können, macht die sogenannten »Schlüsselqualifikationen« aus. Methodenkompetenz definiert er als die »geplante und zielgerichtete Umsetzung des Fachwissens«, 1995, S. 35. Unter Sozialkompetenz versteht er: »Teamfähigkeit, Kooperationsfähigkeit, Konflikt- und Kommunikationsfähigkeit«, 1995, S. 35. »Selbstkompetenz ist der kompetente Umgang mit sich selbst, d.h. die Fähigkeit zum Selbstmanagement, der kompetente Umgang mit Selbst-Wert, die Entwicklung eines individuellen Wertehorizontes und Menschenbildes, die reflexive Auseinandersetzung mit sich, die Fähigkeit, zu beurteilen und die Fähigkeit, sich selbst weiterzuentwickeln.« 1995, S. 36. Auf dieses Modell komme ich noch einmal im Abschnitt »Qualität von Supervision« zurück.

[11] Peter Berker führt in die Diskussion um Qualitätssicherung durch Supervision die Unterscheidung zwischen »Innen- und Außensteuerung« ein. Unter Außensteuerung versteht er Bezahlung und alle Formen von Kontrolle von Arbeitsleistungen, die von außen an die Mitarbeiter herangetragen werden sowie verschiedene Motivationstechniken. Innensteuerung hingegen geschieht über Fortbildungs-, Supervisions- und Selbstevaluationsmaßnahmen, die die MitarbeiterInnen zur eigenen Bewertung und Evaluation ihrer Arbeit anregen. 1997, S. 24 f.

[12] »Die primary task ist also jene Aufgabe, welche eine Organisation erfüllen muß, um ihre Existenz bzw. ihr Überleben zu sichern.« Eck, 1993, S. 211. Diese Idee wurde von Rice in den 60er Jahren im Rahmen der »human-relation-trainings« an der Tavistock Klinik in London entwickelt.

[13] Die Tücken dieser Einstellung werden sehr schön in einem Watzlawick zugeschriebenen Witz deutlich: Ein Mann hackt mit einem stumpfen Beil Holz. Jemand weist ihn darauf hin, daß es

doch wohl besser wäre, das Beil zu schärfen. Er aber erwidert: »Ich habe keine Zeit, ich muß Holz hacken!«

[14] Die Aufforderung, den »Mut zur Gelassenheit« zu entwickeln, stellt Roswitha Königswieser in sehr nachvollziehbarer und freundlicher Weise ManagerInnen und BeraterInnen, die sich im systemischen Denken und Handeln üben wollen. 1994

[15] Die Idee, daß sich Supervision von Selbsterfahrung und Therapie dadurch abgrenzen kann, daß es hier um die Berufsbiographie geht, hat Marianne Hege 1994 entwickelt und dargestellt.

[16] Es empfiehlt sich m.E. sowohl für BeraterInnen als auch für Mitglieder von Organisationen, sich mit dieser empirisch gewonnenen Organisationstheorie auseinanderzusetzen. Vgl. Mintzberg 1989

[17] Vgl. dazu auch den gleichnamigen Abschnitt in: Giesecke und Rappe-Giesecke 1997, S. 27 - 30.

[18] Die Geschichte der Supervision in den Niederlanden beschreibt Frans Siegers in Heft 10 der Zeitschrift Supervision 1986. Wie wenig Berührungsängste die Niederländer auch heute noch mit der Instruktion haben, zeigt das Amsterdamer Supervisionscurriculum, dessen erster thematischer Block sich mit Supervision und Lernen beschäftigt. Man beginnt mit den vier Lernstilen von Kolb, um zu erfahren, welchem Lerntypus man selber zugehört und welches die beste Lernumgebung ist. Diesen Zugang habe ich bisher bei uns in Deutschland nur in OE-Ausbildungen kennengelernt, praktiziere ihn aber jetzt in der SuspervisorInnen-Ausbildung, die ich leite.

[19] Michael Giesecke hat die Entwicklung der Instruktion von der face-to face-Kommunikation in der unmittelbaren Arbeits- und Instruktionssituation hin zum situationsunabhängigen Lernen von ExpertInnen oder aus Büchern in seiner »historischen Fallstudie über die Durchsetzung neuer Informations- und Kommunikationstechnologien« beschrieben (1994). Man hat sich im Mittelalter nicht vorstellen können, aus Büchern zu lernen und nur die Sprache als Medium zu benutzen, sondern hat Instruktionen in konkrete Handlungsabläufe eingebaut.

[20] Vgl. dazu meine Beschreibung der Gruppensupervision in diesem Buch und empirische Analysen von Inszenierungen in: Giesecke und Rappe-Giesecke 1997, Abschnitt 6.3: Die Inszenierung des Falls und 7.2: Die Spiegelung von Umweltstrukturen in der Gruppeninteraktion.

[21] Vgl. Giesecke und Rappe-Giesecke 1997, S. 684

[22] Vgl. dazu den Aufsatz von Marianne Hege 1998, in dem sie einen solchen Programmwechsel in der Arbeit mit ehrenamtlichen HospizhelferInnen beschreibt.

[23] Bei einer kleinen Erhebung über die Rezeption einer Aufklärungsschrift über Supervision bei Führungskräften und MitarbeiterInnen der Caritas kam folgendes interessantes Ergebnis heraus: Führungskräfte bejahten prinzipiell die von mir aufgestellten Standards, fanden es aber zu zeitaufwendig, sich nun auch noch um Supervision kümmern zu müssen, wo sie sich von ihr doch eine Entlastung erhofften. Die MitarbeiterInnen wollten ebenfalls nichts von Dreieckskontrakt und Vernetzung der Supervision in der Organisation wissen, weil ihnen dieses doch ihre Möglichkeit raube, sich eine Nische innerhalb der Organisation mit Hilfe der Supervision zu schaffen. Spielt die Supervisorin dann noch mit, indem sie auf Dreieckskontrakt und Einbindung der Leitung verzichtet, dann ist die Kollusion perfekt. Ich habe vor, gemeinsam mit dem Diözesan Caritasverband des Erzbistums Köln, in dessen Schriftenreihe dieses Heft herausgekommen ist, noch ein kleines Forschungsprojekt über die Wirkung dieser Aufklärungsschrift durchzuführen. Vgl. Rappe-Giesecke 1994d.

[24] Mit dem Thema: »Supervision - Ein Instrument der Personalentwicklung« beschäftigte sich der 2. Deutsche Supervisionstag 1994 in München. Die Veranstaltung ist dokumentiert im Sonderheft 1995 der Zeitschrift Supervision.

[25] Vgl. Wolfgang Weigand 1995, Zur Situation der DGSv, S. 8

[26] Vgl. Rappe-Giesecke 1995b, S. 9. Eine frühere Fassung der Erläuterung dieser Tabelle findet sich dort auf den Seiten 10 - 11.

[27] Vgl. dazu auch: Das Proprium der Supervision und ihre Rolle in der Organisationsentwicklung, in: Giesecke und Rappe-Giesecke 1997, S. 663 - 665

[28] 'KVP' ist die Abkürzung für 'Kontinuierlicher Verbesserungsprozeß', eine Maßnahme zur Qualitätssicherung, die auf den Ideen des Kaizen basiert. In den Unterlagen für Moderatoren des KVP-Managements von Volkswagen heißt es:»KVP ohne Umsetzung ist die reinste Form von Verschwendung«.

[29] Die Erläuterung der drei Typen von berufsbegleitender Supervision basiert auf einer stark überarbeiteten Fassung von Rappe-Giesecke 1995b, S. 10 - 16

[30] Zur Theorie der mentalen Modelle als einer Disziplin der lernenden Organisation vgl. Senge 1996, das Kap. III.10 Mentale Modelle. Zu den Techniken, wie man diese Modelle rekonstruiert, vgl. Senge u.a. 1996, das Kap. Mentale Modelle, S. 271 - 340

[31] Mit der Frage, welchen Beitrag Supervision zur Entwicklung der Corporate Identity von sozialen Organisationen und Unternehmen leisten kann, beschäftigt sich das von mir redigierte Heft 30 der Zeitschrift Supervision: Corporate Identity - die Formulierung von Leitbildern und Werten als Aufgabe der Supervision, 1996

[32] Beschäftigt man sich mit Rollen im Setting der Teamsupervision, so benutzt man eine andere Methode, nämlich die des Rollenverhandelns, wie sie Harrison 1977 oder French und Bell 1982, S. 148 ff. beschrieben haben. Der Vorteil des Rollenverhandelns in diesem Setting ist, daß alle Interaktionspartner, mit denen Rollenerwartungen geklärt werden müssen, anwesend sind und man die wechselseitigen Standpunkte besser verstehen und leichter zu Vereinbarungen kommen kann.

[33] Zur Rollenberatung vgl. Eck 1993, S. 217 ff. und Ilse Hantschk 1994

[34] Ed Schein unterscheidet drei Grundmodelle der Beratung, nämlich die Expertenberatung, die Beratung im Rahmen der Arzt-Patient-Hypothese und das Prozeßberatungsmodell (process consultation). Gerhard Fatzer hat die Merkmale dieser verschiedenen Modelle zusammengefaßt. 1993c, S. 37.

[35] Abb. 4 ist entnommen aus Giesecke und Rappe-Giesecke 1997, S. 646

[36] Vgl. Schein 1993. S. 408 f.

[37] Fatzer 1993c, S. 37

[38] Zur Nachfrageanalyse vgl. Weigand: Analyse des Auftrags in der Teamsupervision und Organisationsberatung, 1993 und Wellendorf: Supervision als Institutionsanalyse und zur Nachfrageanalyse, 1994

[39] Eine Vorfassung, die ich stark überarbeitet und erweitert habe, findet sich in Rappe-Giesecke 1995a

[40] Die verschiedenen Phasen des Beratungsmodells von Lewin stellt Fatzer 1993a, S. 58 ff. dar. Lewin unterscheidet im groben zwischen den Phasen: Auftauen, Verändern und wieder Einfrieren. (Unfreezing, change, refreezing)

[41] Die Checklisten habe ich aus meinem Aufsatz: Vom Beratungsanliegen zur Beratungsvereinbarung - Diagnose und Setting, Rappe-Giesecke 1994c, übernommen und auf den neuesten Stand gebracht.

[42] Eine ausführliche Darstellung des Ablaufs und des Vorgehens in der Phase der Problemdiagnose findet sich in Rappe-Giesecke 1994a, S. 113 - 119

[43] Eine frühere Fassung dieses Kontrakts habe ich in Rappe-Giesecke 1994a, S. 61 veröffentlicht. Die Formulierung:»Verschwiegenheit im Persönlichen und Offenheit im Strukturellen«

habe ich aus den Supervisionskontrakten, die die von Bodelschwinghschen Anstalten in Bethel, Bielefeld, entwickelt haben, übernommen.

[44] Der Wechsel zwischen den Programmen ist einer der wesentlichen Steuerungsmechanismen, die das organisierte Sozialsystem Supervision zur Verfügung hat. Wie dies aussieht, beschreibt Abschnitt 6.2: Grundlegende Steuerungsmechanismen des Systems in Rappe-Giesecke 1994a, S. 179 - 188

[45] Der Ablauf des Programms Selbstthematisierung wird ebenda beschrieben. S. 137 - 148

[46] Eine frühere Fassung dieses Abschnitts habe ich in der Schriftenreihe der Evangelischen Fachhochschule Hannover 1995a veröffentlicht, S. 6 - 10

[47] Fallarbeit ist eines der Programme in meinem Supervisionskonzept, das ich in Rappe-Giesecke 1994a ausführlich dargestellt habe.

[48] Vgl. Anmerkung 20

[49] Dieses Modell von Teamsupervision stelle ich ausführlich in Rappe-Giesecke 1994a vor.

[50] Mit der Modifizierung der Fallarbeit in Teamsupervisionen beschäftigt sich auch Hermann Gnädinger 1993.

[51] Peter Berker geht davon aus: »Die entscheidenden Wirkfaktoren von Supervision sind theorie- und schulenübergreifend.« 1997, S. 18. Bobzien, Stark und Straus sehen die Aufgabe der Formulierung von Qualitätsstandards darin, ... ein vereinbartes Mindestniveau professionellen Handelns zu definieren«. 1996, S. 48

[52] Peter Berker formuliert 1997 folgende Strukturstandards:
Die Qualität von Supervision läßt sich institutionell sichern durch:
• Auswahl des Supervisors
• Ziel- und Inhaltsvorgaben für die Supervision
• Bestimmung eines Rückmeldeverfahrens von
  organisationsbezogenen Supervisionsinhalten
• (partielle) Teilnahme von Leitungskräften
Die Qualität von Supervision läßt sich professionell sichern durch:
• gemeinsame und getrennte Evaluation von Supervisor und Supervisanden
• durch Verfahren der Kontrolle des Supervisors
  (Kollegiale Supervision, Balintgruppen, Kontrollsupervision)
• durch Zugehörigkeit zu einem Berufsverband.« (S. 28)
Diese Standards überschneiden sich.
Nicht genannt habe ich die Verfahren der Selbstkontrolle des Supervisors oder der Supervisorin.

[53] Harald Pühl beschreibt dieses Spannungsverhältnis zwischen Teamleitung und Supervision 1997 in seinem Aufsatz »Qualitätssicherung durch Supervision - Qualitätsmerkmale von Supervision«, S. 81

[54] Den Begriff »Defensive Routinen« hat Chris Argyris geprägt. Er bezeichnet damit Strategien von Einzelnen oder Subgruppen, die das Lernen verhindern und für den Erhalt des Status quo sorgen. Vgl. Argyris 1993, 1996a und 1996b

[55] Diese Forderung hat natürlich Folgen für die Selbstorganisation und das Selbstverständnis der BeraterInnen. Sind SupervisorInnen es häufig noch gewohnt als EinzelkämpferInnen aufzutreten, so wird es jetzt darum gehen, in Teams zu arbeiten, sich zu vernetzen, um BeraterInnen-Systeme zu konstituieren, die dem Beratungsbedarf der ratsuchenden Systeme entsprechen können.

[56] Diese Idee haben wir 1998 konzeptualisiert und auf Forschungsprozesse übertragen. Vgl. Giesecke und Rappe-Giesecke 1998.

57 Unter 'Normalform' verstehen wir den idealen Ablauf der Interaktion innerhalb eines Programmes, der aus der wissenschaftlichen Untersuchung zahlreicher Supervisionssitzungen rekonstruiert wurde. Diese Normalform ist sowohl für die SupervisorInnen als auch für die SupervisandInnen, die in die Institution einsozialisiert sind, handlungsleitend und orientierungsrelevant. Keine einzige Sitzung verläuft jedoch nach diesem idealen Muster, jede weicht in typischer Weise davon ab. Diese Differenzen sind informativ und können für das Verstehen des jeweiligen Problems genutzt werden. Vgl. dazu z.B. die empirische Studie in Giesecke und Rappe-Giesecke 1997: 3.4: Die Bedeutung der Normalformabweichungen für die Analyse des Programmwechsels und des »unbewußten Gruppenprozesses«, S. 208 - 235.

58 Wirkungsforschung widerspricht den Prinzipien der kommunikativen Sozialforschung, wie wir sie in Giesecke und Rappe-Giesecke 1997 dargelegt haben und u.E. auch den Werten und Maximen der Aktionsforschung. Sie ist nur dann vertretbar und notwendig, wenn es sich um die gesellschaftliche Legitimierung dieses Verfahrens handelt.

59 Widauer zitiert 1991 eine in einem Wiener Krankenhaus durchgeführte Befragung des Personals, die vor und nach der Einführung von Supervision stattfand. Neben der Verbesserung der Arbeitsatmosphäre und der Kommunikation zwischen den einzelnen Status- und Berufsgruppen und der Einführung patientengerechterer Abläufe, erzielte er folgendes Ergebnis: »Wurden im ersten Jahr der Supervision 1.327 Gesamtkrankenstunden gezählt, sank diese Zahl im darauf folgenden Jahr auf 440 Stunden. Der durchschnittliche Zeitaufwand für die Supervision entsprach bei 12 Teilnehmern 0,7% der Gesamtarbeitszeit«, S. 121. Auch wenn man dieses Ergebnis nicht allein auf Supervision beziehen kann, ist es doch ein sehr beachtliches. Eine weitere Studie zur Wirkung von Supervision in einem großen Diakonischen Unternehmen führten Klaus Schneider und Andreas Müller 1995 durch. Sie konnten positive Veränderungen in bezug auf »die Klarheit über die eigenen Aufgaben und die der Organisation, eine deutliche Erhöhung der Identifikation mit der eigenen Organisation und Verbesserungen in der kollegialen Kooperation sowie eine größere Sicherheit im Umgang mit Klienten und eine deutliche Verbesserung im Selbstmanagement feststellen«. S. 93 - 97

60 Es gehört zu meinen Formen der Selbstkontrolle meines professionellen Handelns, alle halbe Jahre die Werte, die mich in der Supervision leiten und die Lernziele, die ich dort bewußt und unbewußt verfolge, so gut als mir dies möglich ist, aufzuschreiben.

61 Dieses Konzept von Schlüsselqualifikationen, das auf der Unterscheidung von Fertigkeiten, Fähigkeiten und Kompetenzen aufbaut, habe ich von Richter 1995, S. 29 - 48 übernommen.

62 Die Theorie von Organisationen als vierdimensionalen organisierten Sozialsystemen hat Michael Giesecke entwickelt und 1988 veröffentlicht. Ich habe sie bei der Beschreibung des organisierten Sozialsystems Supervision, 1994a angewandt. Der letzte Stand der Entwicklung ist in Giesecke und Rappe-Giesecke 1997 im Kap. 5: Die Grenzen einer interaktionistischen Kommunikationsforschung und die Perspektiven der Systemtheorie: Neue Modelle, Methoden und Ergebnisse (1982 - 1985) und in Kap. 8: Rückblick und Ausblick: Die Wechselwirkung zwischen Forschung und Praxis 1996, niedergelegt.

63 Eine frühere Fassung der folgenden vier Passagen habe ich 1995a, S. 23 - 27 veröffentlicht. Die vorliegende Fassung weicht an einigen Stellen von dieser ab.

Literaturverzeichnis

Argyris, C. Defensive Routinen. In: G. Fatzer (Hg.), Organisationsentwicklung für die Zukunft, Köln, EHP 1993 (org. 1987), S. 179 - 226

ders.: Wenn gute Kommunikation das Lernen verhindert. In: G. Fatzer (Hg.), Organisationsentwicklung und Supervision: Erfolgsfaktoren bei Veränderungsprozessen. Trias Kompaß 1, Köln, EHP 1996a (org. 1994), S. 109 - 126

ders.: Defensive Routinen gegen Überprüfungen von OE-Projekten. In: G. Fatzer (Hg.), Organisationsentwicklung und Supervision: Erfolgsfaktoren bei Veränderungsprozessen. Trias Kompaß 1, Köln, EHP 1996b (org. 1990), S. 127 - 148

Balint, M. Die Struktur der »Training-cum-research«-Gruppen und deren Auswirkung auf die Medizin, Jahrbuch der Psychoanalyse 5, (1968), S. 125 - 146

ders.: Der Arzt, sein Patient und die Krankheit, Stuttgart, Klett Cotta 1976 (org. 1964)

Belardi, N. Supervision - Von der Praxisberatung zur Organisationsentwicklung, Paderborn, Junfermann 1992

ders. Supervision - Eine Einführung für soziale Berufe, Freiburg, Lambertus 1996

Berker, P. Der Beitrag von Supervision zur Qualitätsdiskussion, Zeitschrift Supervision, Heft 31, S. 17 - 31(1997)

Bobzien, M.; Stark, W.; Straus, F. Qualitätsmanagement, Alling, Verlag Dr. Jürgen Sandmann 1996

Eck, C. D. Rollencoaching als Supervision. In: G. Fatzer (Hg.), Supervision und Beratung, Köln, EHP 1993a (4. Aufl.), S. 209 - 248

Fatzer, G. Ganzheitliches Lernen - Humanistische Pädagogik und Organisationsentwicklung, Paderborn, Junfermann 1990 (3. Aufl.)

ders. Phasendynamik und Zielsetzung der Supervision und Organisationsberatung. In: ders. (Hg.), Supervision und Beratung. Köln, EHP 1993a (4. Aufl.), S. 53 - 84 *ders.* Die lernfähige Organisation. In: ders. (Hg.), Supervision und Beratung, Köln, EHP 1993b (4. Aufl.), S. 391 - 408

ders. Organisationsentwicklung und neue Technologien. In: ders. (Hg.), Organisationsentwicklung für die Zukunft - ein Handbuch, Köln, EHP 1993c, S. 35 - 39

ders. Erfolgsforschung bei Veränderungsprozessen: OE und Supervision. In: ders. (Hg.), Organisationsentwicklung und Supervision: Erfolgsfaktoren bei Veränderungsprozessen. Trias Kompaß 1, Köln, EHP 1996, S. 77 - 92

French, W.L.; Bell jr., C.H. Organisationsentwicklung, Bern und Stuttgart, Haupt

Giesecke, M. Die Untersuchung institutioneller Kommunikation - Perspektiven einer systemischen Methodik und Methodologie, Opladen, Westdeutscher Verlag 1988

ders. Der Buchdruck in der frühen Neuzeit - Eine historische Fallstudie über die Durchsetzung neuer Informations- und Kommunikationstechnologien, Frankfurt, Suhrkamp, 1994 (2. Aufl.)

Giesecke, M.; Rappe-Giesecke, K. Supervision als Medium kommunikativer Sozialforschung - die Integration von Selbsterfahrung und distanzierter Betrachtung in Beratung und Wissenschaft, Frankfurt, Suhrkamp 1997

dies. Was kann man aus dem gegenwärtigen Entwicklungsstand der Beratung für die Gestaltung kommunikativer Sozialforschung lernen? Journal für Psychologie (im Druck), (1998)

Glasl, F.; Lievegoed, B. Dynamische Unternehmensentwicklung - Wie Pionierbetriebe und Bürokratien zu schlanken Unternehmen werden, Bern und Stuttgart, Haupt

Gnädinger, H. Teamsupervision und Balintansatz. In: G. Fatzer (Hg.), Supervision und Beratung, Köln, EHP 1993 (4. Aufl.), S. 277 - 310

Gortner, H. F.; Mahler, J.; Nicholson, J.; Bell Organization Theory - A public perspective, Chicago, The Dorsey Press 1987

Gotthardt-Lorenz, A. »Organisationssupervision«: Rollen- und Interventionsfelder. In: H. Pühl (Hg.), Handbuch der Supervision 2, Berlin, Edition Marhold, 1994, S. 365 - 379

dies. Warum »Organisationssupervision«?, Zeitschrift Supervision, Heft 29, (1996), S. 25 - 32

Hanschk, I. Rollenberatung, In: H. Pühl (Hg.), Handbuch der Supervision 2, Berlin, Edition Marhold, 1994, S. 162 - 172

Harrison, R. Rollenverhandeln: Ein harter Ansatz zur Team-Entwicklung, In: B. Sievers (Hg.): Organisationsentwicklung als Problem, Stuttgart, Klett-Cotta 1977 (engl. 1972), S. 116 - 133

Hege, M. Berufsbiographie in der Supervision. Zeitschrift Supervision, Heft 26, (1994), S. 4 - 9

dies. Überlegungen zur beruflichen Identität und deren Veränderung in Not-for-profit-Organisationen, Zeitschrift Supervision, Heft 33, (1998), S. 77 - 87

Isaacs, W. N. Dialog, kollektives Denken und Organisationslernen. In: G. Fatzer (Hg.), Organisationsentwicklung und Supervision: Erfolgsfaktoren bei Veränderungsprozessen. Trias Kompaß 1, Köln, EHP 1996a, S. 181 - 208

ders. Der Dialog, in: Senge, P. M.; Kleiner, A.; Smith, B. u.a., Das Fieldbook zur fünften Diszplin, Stuttgart, Klett Cotta, 1996b, S. 412 - 420

Kalter, A. Aspekte der Geschichte der Supervision und daraus folgende Überlegungen zur möglichen Auswirkung auf die heutige Supervisionspraxis. Abschlußarbeit im Studiengang Supervision der Evangelischen Fachhochschule Hannover, Fachhochschulbibliothek, (1996)

Königswieser, R. Mut zur Gelassenheit, Manager Seminare Heft 14, S. 82 - 87(1994)

Kolb, D.A. The learning style inventory: technical manual. Mass., Boston, McBer & Co 1976

Leffers, C.-J. Prinzipien und Methoden zielorientierter Intervention in institutionsbezogenen Beratungsprozessen. Zeitschrift Supervision, Heft 28, S. 39 - 58, (1995)

Looss, W. Coaching für Manager - Problembewältigung unter vier Augen, Landsberg,. Verlag Moderne Industrie 1992 (2. Aufl.)

ders. Die nicht-lernende Organisation: Grundlegende Spielmuster im Umgang mit Störungen. In: G. Fatzer (Hg.), Organisationsentwicklung und Supervision: Erfolgsfaktoren bei Veränderungsprozessen, Trias-Kompaß 1, Köln, EHP 1996, S. 229 - 242

Meinhold, M. Qualitätssicherung und Qualitätsmangement in der sozialen Arbeit - Einführung und Arbeitshilfen, Freiburg, Lambertus 1997 (2. Aufl.)

Mintzberg, H. Inside our strange world of Organizations, The Free Press, New York. Die deutsche Übersetzung: Mintzberg über Management - Führung und Organisation, Mythos und Realität 1991, Wiesbaden Gabler 1989

Nellessen, L.; Schmidt, J. Kein Anschluß unter dieser Nummer - Erfahrung mit Trainings in einer Institution, Zeitschrift für Gruppendynamik und Gruppenpsychotherapie, Nr. 9, (1975), S. 276 - 294

Pühl, H. Einleitung zu Kapitel II: Ausbildungs-Supervision. In: ders. (Hg.), Handbuch der Supervision - Beratung und Reflexion in Ausbildung, Beruf und Organisation, Berlin, Edition Marhold 1990, S. 61 - 62

ders. Qualitätssicherung durch Supervision - Qualitätsmerkmale von Supervision. Organisationsberatung, Supervision, Clinical Management (OSC), Heft 1, (1997), S. 75 - 84

Rappe-Giesecke, K. Supervision - Gruppen- und Teamsupervision in Theorie und Praxis, Berlin, Heidelberg, New York, Springer 1997, (1994a) *dies.* Gruppensupervision und Balintgruppenarbeit. In: H. Pühl (Hg.), Handbuch der Supervision 2, Berlin, Edition Marhold, 1994b, S. 72 - 84

dies. Vom Beratungsanliegen zur Beratungsvereinbarung - Diagnose und Setting. In: H. Pühl (Hg.), Handbuch der Supervision 2, Berlin, Edition Marhold 1994c, S. 15 - 26

dies. Supervision - Ein Leitfaden für Trägervertreter, leitende Mitarbeiter und Mitarbeiterinnen. Schriftenreihe des Diözesan Caritasverbandes, Heft 17, Köln 1994d

dies. Supervision - Ein Leitfaden für Träger, Leitungskräfte, Mitarbeiterinnen und Mitarbeiter. Nr. 1 der Schriftenreihe der Evangelischen Fachhochschule Hannover 1995a

dies. Forum Supervision: Was sind Standards effektiver und qualifizierter Supervision heute? Dokumentation der Veranstaltung vom 27.04.95, Nr. 2 der Schriftenreihe der Evangelischen Fachhochschule Hannover 1995b

Richter, C. Schlüsselqualifikationen, Alling, Dr. Sandmann Verlag 1995

Sackmann, S. Diagnose von sozialen Systemen. In: G. Fatzer (Hg.), Supervision und Beratung, Köln, EHP 1993a (4. Aufl.), S. 341 - 362

dies. Die lernfähige Organisation. In: G. Fatzer (Hg.), Organisationsentwicklung für die Zukunft, Köln, EHP 1993b, S. 227 - 254

Schein, E.H. Organisationsberatung für die neunziger Jahre. In: G. Fatzer (Hg.), OE für die Zukunft, Köln, EHP 1993, S. 405 - 420

ders. Wie können Organisationen schneller lernen? Die Herausforderung, den grünen Raum zu betreten, Zeitschrift Organisationsentwicklung, Heft 3, (1995), S. 4 - 13

ders. Über Dialog, Kultur und Organisationslernen. In: G. Fatzer (Hg.), Organisationsentwicklung und Supervision: Erfolgsfaktoren bei Veränderungsprozessen. Trias Kompaß 1, Köln, EHP 1996, S. 209 - 228 *ders.* Kurt Lewin's change theory in the field and in the classroom: Notes toward a model of managed learning. http:/learning. mit. edu/res/wp/10006.html, (1997)

Schneider, K.D.; Müller, A. Evaluation von Supervision, Zeitschrift Supervision, Heft 27, (1995), S. 86 - 98

Senge, P.M. Die fünfte Disziplin - Kunst und Praxis der lernenden Organisation, Stuttgart, Klett Cotta 1996 (engl. 1990)

Senge, P.M.; Kleiner, A.; Smith, B. et.al. Das Fieldbook zur Fünften Disziplin, Stuttgart, Klett Cotta 1996 (engl. 1994)

Siegers, F. Supervision in den Niederlanden: Charakteristik und Perspektiven, Zeitschrift Supervision, Heft 10, (1986), S. 17 - 32

Stapert, Y. Das Amsterdamer Supervisions-Curriculum. In: N. Lippenmeier (Hg.), Beiträge zur Supervision, Bd. 9, Gesamthochschule Kassel, (1993)

Weigand, W. Analyse des Auftrags in der Teamsupervision und Organisationsberatung. In: G. Fatzer (Hg.), Supervision und Beratung, Köln, EHP 1993 (4. Aufl.), S. 311 - 326

ders. Teamsupervision: Ein Grenzgang zwischen Supervision und Organisationsberatung. In: H. Pühl. (Hg.), Handbuch der Supervision 2, Berlin, Edition Marhold 1994, S. 112 - 131

ders. Zur Situation der DGSv, DGSv aktuell Nr. 2, (1995), S. 7 - 9

ders. Teamarbeit und ihre Supervision, Zeitschrift Supervision, Heft 29, (1996), S. 15 - 24

Wellendorf, F. Supervision als Institutionsanalyse und zur Nachfrageanalyse. In: H. Pühl (Hg.), Handbuch der Supervision 2, Berlin, Edition Marhold 1994, S. 26 - 36

Widauer, H. Supervision für Institutionen und ihre Mitarbeiter: Am Beispiel der Veränderung des Arbeitsklimas im Krankenhaus. In: H. Brandau (Hg.), Supervision aus systemischer Sicht, Salzburg, Otto Müller Verlag, 1991, S. 116 - 122

Wieringa, C.F. Entwicklungsphasen der Supervision (1860 - 1950), Zeitschrift Supervision, Heft 18, (1990), S. 37 - 42

Zeitschrift Supervision (1982) Teamsupervision, Heft 2

Zeitschrift Supervision (1990) Geschichte der Supervision, Heft 18

Zeitschrift Supervision (1995) Sonderheft: Supervision - Ein Instrument der Personalentwicklung. 2. Deutscher Supervisionstag, München 1994

Zeitschrift Supervision (1996) Von der Teamsupervision zur Supervision in Organisationen, Heft 29

Zeitschrift Supervision (1996) Corporate Identity - Die Formulierung von Leitbildern und Werten als Aufgabe der Supervision, Heft 30

III. Teil
Coaching
Qualitätsüberlegungen beim
Einsatz von Coaching

1. Was ist Coaching? -
Über den derzeitigen Gehalt eines strapazierten Begriffs

Semantische Aufräumarbeiten

Werfen wir einen kurzen Blick ins Internet: Anfang 1998 zeigt eine beliebige Suchmaschine zum Thema »Coaching und Management« weltweit 7887 Nennungen, im deutschsprachigen Teil des Netzes immerhin noch 847. Eine große internationale Online-Buchhandlung listet bereits 47 englischsprachige Titel auf. Eine beliebige Diplomarbeit zum Thema nennt 136 einschlägige Literaturquellen.

Seit den ersten Veröffentichungen über »Coaching« von Führungskräften in Deutschland vor nunmehr über 10 Jahren (Geissler/Günther, 1986; Looss, 1986), hat sich in der Etablierung der Einzelberatung im Unternehmensalltag eine vielfältige Praxis herausgebildet, und der modische Begriff - seinerzeit aus pragmatischen Gründen gewählt - wird nun für derartig unterschiedliche Arbeitsformen und -arrangements verwendet, daß er seine Bezeichnungskraft weitgehend verloren hat. Das Wort »Coaching« sagt heute nichts wesentliches mehr aus, es weist inzwischen eine hohe semantische Elastizität auf. Wenn man nichts anderes zu bezeichnen hätte außer der jeweils eigenen Praxis, wäre das nicht weiter tragisch. Da jedoch »Coaching« in erheblichem

Umfang beschrieben, beworben, diskutiert und sogar proklamiert wird, ist sprachliche Redlichkeit nötig. Wer heute von »Coaching« redet, ist mithin gewissermaßen verpflichtet, vollständig zu erklären, welche Form von beraterischer, instruierender, begleitender Interaktion bzw. welche Art von Tätigkeit eigentlich gemeint ist. Man mag eine solche Entwicklung aus professioneller Sicht bedauern oder als unabwendbar hinnehmen, man mag dergleichen sprachliche Unschärfe im Sinne postmoderner Vielfalt sogar begrüßen, in jedem Fall ist Klärungsaufwand nötig. Mit vielen anderen Begriffen in der Managementwelt ist bereits ähnlich verfahren worden (Beratung, Prozeß, System, Struktur, Führungskraft, Kundenorientierung, Qualität, Lernen, Veränderung, Optimierung, Erfolg ...), weil ihr vielfältiger Gebrauch zu vielen allzu verlockend erschien. Solcher Sprachverschleiß wird uns wegen des Verwertungscharakters aller im »Business« auftauchenden Konzeptionen wohl auch zukünftig erhalten bleiben.

Worum es beim »Coaching« in der Sache immer noch geht, ist die beraterische Begleitung und Unterstützung eines Menschen bei der Bewältigung seiner beruflichen Rolle durch den Aufbau einer ganz bestimmten zusätzlichen Arbeitsbeziehung, ganz gleich aus welchem Anlaß und mit welchem Ziel. Wenn uns nun aber die einmal gewählte Worthülse bei der Handhabung einer solchen professionellen Tätigkeit faktisch nicht mehr für das Herstellen von relevanten Unterschieden zur Verfügung steht, müssen wir uns unter Anbietern und Nutzern dieser komplexen Dienstleistung neu darüber verständigen, was wir meinen, was wir benötigen, was wir anbieten, was wir tun. Auch ist zu klären, ob wir uns des Begriffs weiterhin bedienen wollen und wenn ja, warum.

Der Sinn des Begriffs »Coaching« lag einmal darin, daß sich ein in einer beruflichen Rolle tätiger Mensch einen bezahlten Gesprächs- und Reflexionspartner sucht, um mit dessen Unterstützung den Verhaltenserwartungen seiner Arbeitsumgebung - auch in schwierigen Zeiten - noch gerecht zu werden. Damit wurde eine exklusive beraterische Beziehung aktiviert, die es im Laufe der Geschichte schon immer gegeben hat: Der Aufgabenerfüller, sei er nun antiker Held, postmoderne Führungskraft, jugendlicher Newcomer oder vorübergehend eingesetzter Problemlöser, bespricht sein Wirken mit einem unbeteiligten Dritten zum Zwecke des Reflektierens, des Lernens, der besseren Leistung, der Entlastung, der intensivierten Analyse, der Wiederherstellung von Arbeitsfähigkeit und was die Anlässe und Motive solcher kommunikativen Nachdenklichkeit sonst noch sein mögen. Die entstehende Beziehung enthält Elemente der Fürsorge, der Ermutigug, der Unterweisung, des Ratgebens, der gemeinsamen Reflexion, der Analyse, der Konfrontation, der Planung oder sie aktualisiert einfach nur einen als nützlich und hilfreich erlebten Kontakt.

Mit welchem Begriff kann man eine solche beraterische, begleitende, unterstützende, klärende oder herausfordernde Arbeits-Beziehung sinnvollerweise belegen?

Seit Homers »Odyssee« kennen wir »Mentor«, den Freund des Odysseus und Erzieher des Telemachos, und seither bezeichnen wir oft noch einen lebens- und arbeitserfahrenen persönlichen Berater mit diesem Namen. Doch die Beziehung zum Mentor enthält die Qualität der Seniorität, ihr Nutzen fußt auf dem Modell, daß das Erfahrungswissen des Älteren die entscheidende Quelle seiner beraterischen Wirksamkeit sei. Diese Annahme ist in Zeiten rascher Veränderungen nicht mehr selbstverständlich, weil Erfahrungswissen, das aus den vom Senior früher einmal gefundenen Lösungen herrührt, durch drastischen Wandel bekanntlich in der Gegenwart entwertet wird. In der Turbulenz hilft also der »Mentor« nicht mehr weiter. Konsequent finden wir Mentoren heute deswegen nur noch in stabilen und veränderungsarmen Systemen.

Der englische »Coach« ist der deutsche »Kutscher«, der Lenker des gleichnamigen Gefährts und Betreuer der Pferde, die selbiges einst durch die Lande zogen. Hier finden wir als Beziehungsqualität jene eigentümliche Mischung von Fürsorge, Herausforderung, Pflege und Betreuung, Konfrontation, Unterweisung und Antrieb zur Leistung, die das Wort in die Domäne des Sports hinüberfließen ließ. Und vom Sport zum Management ist es nur ein kleiner Schritt gewesen. Auf diesem etymologischen Weg ist dem Begriff jedoch semantisch etwas verlorengegangen: Je mehr die eindimensionale Leistungssteigerung ins Blickfeld rückte, um so weniger ging es beim »Coaching« noch um Qualitäten wie Lernen, Auswertung, Betreuung oder Reflexion - Qualitäten mithin, die dem klassischen Kutscher im Umgang mit seinen Tieren durchaus noch geläufig waren. In der Übernahme der auf kurzfristige Leistungseffekte ausgerichteten Managementlogik wurde auch jener rasch zum »Coach«, der vorwiegend antreibt, anspornt, hochzüchtet, aus seinem Anbefohlenen jenes kleine Mehr an Leistung herauskitzelt, das die Wettbewerbsgesellschaft zu fordern scheint. Damit wurde aus einer Spielart von Beratung mit allen Konnotaten der Vielfalt, Beziehung und Komplexität eine eindimensionale Zweckkommunikation auf ein vorgedachtes Ergebnis hin.

Faktisch ist »Coaching« damit zum Allerweltswort für eine z.T. sehr kurzfristige Tätigkeit geworden, eine Tätigkeit, die es gibt, seit sich der erste Handwerker der Geschichte hilfesuchend an seinen Kollegen gewandt hat. Das normale Durchsprechen beruflicher Angelegenheiten ist allerdings schon deswegen eben gerade kein beraterisches »Coaching«, weil dabei keine eigenständige und neue Beziehung hergestellt wird.

Wir operieren also bei der Einzelberatung von Menschen zu Rollenfragen nunmehr mit einem Kunstwort, das im Einzelfall erklärungsbedürftig bleibt. Wir geben der Gewohnheit den Vorzug vor der Klarheit und bedienen uns weiterhin der ramponierten Worthülse »Coaching«. Im folgenden werden wir allerdings so oft als möglich auf den Begriff der »Einzelberatung« ausweichen, um deutlich zu machen, daß wir von einer (erst noch herzustellenden und zu pflegenden) Beziehung und damit von einem komplexen Beziehungsgeschehen reden und nicht von einer raschen Tätigkeit, die man im Vorübergehen mal eben so vollzieht.

Eine pragmatische Arbeitsdefinition

Die beraterische Klärung beruflicher Rollenfragen mit einem neutralen Dritten im Rahmen einer zu diesem Zweck eingegangenen spezifischen Arbeitsbeziehung ist kein alltägliches Phänomen, sie benötigt einen Anlaß, eine Zielsetzung, einen bewußt gewählten Aufwand und eine verabredete und extra herzustellende Arbeitsbeziehung. Daraus ergibt sich als Definition (Looss, 1997):

> »Coaching ist die professionell betriebene, personenzentrierte Einzelberatung von Menschen zu der Frage, wie diese in schwierigen Situationen ihre berufliche Rolle handhaben.«

Die ersten neuzeitlichen Nutzer dieser Beratungsform waren Führungskräfte, vorwiegend solche, die im wirtschaftlichen Bereich tätig waren. Dies ist erklärlich, ist doch das »Business« jener Sektor, in dem sich Turbulenzen und deren mangelnde Handhabung konsequenzenreich auf das Handeln-Müssen der einzelnen Menschen auswirken. Rollenprobleme mußten also zwangsläufig als erstes in den Wirtschaftsorganisationen auftauchen. Gleichzeitig wurde die rasche Adaption dieser naheliegenden Arbeitsform deswegen erschwert, weil das »Sich-Beraten-Lassen« nach dem Lehrplan der Business-Welt über lange Zeit stigmatisiert war. Dieses Tabu ist inzwischen weitgehend abgebaut, die allgemeine Rollendefinition von »guten« Managern schließt heutzutage die Fähigkeit ein, seine Grenzen zu erkennen und sich bei Bedarf mit zusätzlichen Unterstützungen zu versehen. Faktisch ist auf diesem Wege das Lernen auch für statusgehobene Rollenträger wieder zu einer erlaubten Aktivität geworden. Wer heute als Führungskraft darauf verzichtet, sich bei offenkundigen Rollenproblemen neu zu orientieren, gibt sich der Lächerlichkeit preis.

Inzwischen sind auch die Non-Profit-Organisationen mit den dort tätigen Menschen unter Veränderungsdruck geraten, gleichzeitig unterliegen die Berufsrollen - nicht nur von Führungskräften, sondern von nahezu allen arbeitenden Menschen - einem deutlich wahrnehmbaren und z.T. folgenschweren Wandel. Deswegen werden heute nicht mehr nur Führungskräfte beraten, sondern auch Lehrer, Sozialarbeiter, junge Mitarbeiter jeglicher Berufsrichtung, Sachbearbeiter und auch Menschen ohne Arbeit oder in neuen Positionen.

Die verschiedenen Formen der rollenbezogenen Einzelberatung

a) Mögliche Ordnungskriterien

Bei dem Versuch, die enorme Vielfalt der faktisch unter dem Begriff »Coaching« angebotenen Arbeitsweisen und Aktivitäten voneinander abzugrenzen und etwas Ordnung zu schaffen, stehen uns einige Unterscheidungsmerkmale zur Verfügung.

Wir können zunächst nach dem **Anlaß** fragen und die vielfältigen Formen der probleminduzierten Einzelberatungen von solchen abgrenzen, die eher auf die Weiterentwicklung, Leistungssteigerung und das qualitative Wachstum von persönlichen Potentialen ausgerichtet sind. Im ersten Fall startet die Beratung mit einer mehr oder minder deutlich empfundenen Defiziterfahrung, im zweiten Fall geht es um die Investition in noch unausgeschöpfte, aber chancenreiche Möglichkeiten in der Zukunft. Diese Unterscheidung ist bedeutungsvoll, weil sie auf einem unterschiedlich hohen Handlungsdruck in der Organisation basiert. Es bedarf eines gewissen Reifegrades, um sich als Unternehmen dafür zu entscheiden, auch ohne verdichteten Anlaß vorsorglich und chancenorientiert in die persönlichen Potentiale von Mitarbeitern zu investieren und entsprechend eine Einzelberatung zu finanzieren. Es ist daher nur konsequent, wenn im klassischen Verlauf eine Organisation das »Coaching« für sich anläßlich wahrnehmbarer Probleme entdeckt und erst später merkt, daß hier ja ein wirkungsvolles Instrument gestaltender Personalentwicklung zur Verfügung steht.

Wir können auch nach dem **Tiefgang** unterscheiden, der im Beratungsverlauf vermutlich auftreten wird und folgende Fälle abgrenzen (Looss, 1997):

- Geht es um ein rein kognitives Aufnehmen von Wissen, wie z.B. bei einer Unterrichtung über einen Sachverhalt?
- Geht es um eine Verhaltensfertigkeit im Umgang mit Gegenständen?
- Geht es um das Verhaltensrepertoire im Umgang mit Menschen?
- Geht es um die Klärung von persönlichen Einstellungen, Normen und Werten im Verhältnis zur Umgebung oder um Sinnfragen spiritueller Art?
- Geht es um die nachvollziehende Aufarbeitung gemachter Arbeitserfahrungen?
- Geht es um die komplexe Verarbeitung leidvoller individueller Erfahrungen, die sich kognitiv, emotional und auf das Verhalten auswirken?

Wir können schließlich den **Inhalt** des »Coachings« heranziehen und wiederum eine Fülle von weiteren - nunmehr thematischen - Fallunterscheidungen treffen:

Geht es bei der anstehenden rollenbezogenen Einzelberatung um

- die erhöhte Konfliktfähigkeit, die in der Rolle zukünftig gefordert wird?
- andere oder zusätzliche Führungstechniken, weil die Strukturen sich geändert haben?
- den Ausbau der Verhandlungsfähigkeiten entlang gestiegener Schnittstellenanforderungen?
- die Streßbewältigung in einer vorübergehenden Hochlastphase?
- den Umgang mit der eigenen Emotionalität aus weltanschaulichen Gründen?
- einzuübende Verhaltensfertigkeiten beim Auftritt in der Öffentlichkeit?

- ungeläufige strategische Fragen der Unternehmensentwicklung bei Größenänderungen, Firmenakquisitionen, strategischen Allianzen?
- Neubestimmung eigener Kompetenzbündel im Vorfeld einer Neupositionierung im Unternehmen?
- neu auftauchende Fragen der Berufs- und Lebensplanung?

Neben Anlaß, Tiefgang und Thema sind andere Kriterien denkbar, um die Vielfalt zu ordnen. Praktisch bedeutsam sind dabei vorwiegend solche Kategorien, die bei der Entscheidungsfindung hinsichtlich Beraterauswahl, Dauer, Ziel und Aufwand eines »Coachings« eine Rolle spielen. Aus diesem Grunde bietet sich - wenn man pragmatisch vorgeht - eine phänomenologische Typisierung an, bei der weniger die logische Geschlossenheit der Systematik eine Rolle spielt als die praktische Erkennbarkeit und Unterscheidbarkeit von zu wählenden Prozeduren bei der Realisierung von Beratungsprozessen.

b) »Typen« von Einzelberatungen

Die folgende Aufzählung greift auf Szenarien zurück, wie sie in der Beratungspraxis immer wieder auftauchen. Es geht also noch nicht um logische Systematiken, es geht um die erste Erfassung von Unterschieden, es geht um Erlebensqualitäten und um Handhabbarkeiten. Die Liste folgt mit ihren Bildern den derzeit gängigen Problemlagen, sie unterscheidet Typen von Geschichten, die über »Coaching« erzählt werden können.

Der Hofnarr für den Mächtigen

Hier wird ein »Coaching« gerne eingesetzt, um in einer verfestigten hierarchischen Kultur dem »Mächtigen« die unangenehmen Wahrheiten durch einen Außenstehenden sagen zu lassen. Dabei spielen Wahrheiten eine Rolle, die weitgehend offenkundig sind, die sonst niemand mehr im System offen sagen will oder kann, weil das damit verbundene Risiko zu hoch ist. Hier wird also besonderes kommunikatives Können gefordert, um zu verhindern, daß der Sender einer unangenehmen Nachricht von der Macht einfach nur stillgelegt wird.

Der Schuhanzieher für die neue Rolle

Die Einzelberatung dient hier vorwiegend als Unterstützung bei der Aneignung einer neuen Berufsrolle, sei es nach Beförderungen, Versetzungen oder bei durchgreifendem Aufgabenwechsel. »Coaching« findet in dieser Spielart häufig im Verbund mit Organisationsentwicklungsmaßnahmen statt. Inhaltlich geht es weniger um Detailinformationen über das neue Umfeld als vielmehr um die methodischen Schritte bei der Erarbeitung einer neuen Rolle und die Bestimmung der Art und Weise, wie diese in der konkreten späteren Praxis denn gefüllt werden soll. Der Berater stellt hier insbesondere seinen Erfahrungsvorsprung bei der Gestaltung ungeläufiger Situationen zur Verfügung.

Der Organisations-Scout für den Neuling

Neue Mitarbeiter - ob in Führungspositionen oder auf der ausführenden Ebene - erhalten durch die Einzelberatung relevante Hinweise und Informationen, um sich schneller im für sie neuen System einzuleben. Hier geht es weniger um die Methodik der Rollenübernahme als um die inhaltlichen Informationen über das vorgefundene Umfeld, die es bei der Rollenübernahme zu berücksichtigen gilt. Als Berater kommen hier oft interne, erfahrene Führungskräfte (Mentoren) in Betracht oder Externe, die die Organisation aus langjähriger beobachtender Tätigkeit als Organisationsberater gut kennen.

Der Sparringspartner für die Reflexion bedeutsamer Arbeitsphasen

Handlungsorientierte Manager vermissen häufig die Möglichkeit, sich mit einigem Abstand zum Tagesgeschäft intellektuell und produktiv auszutauschen. Das liegt daran, daß die manageriale Berufsrolle nicht auf konjunktivistische Denk- und Prüfvorgänge ausgerichtet ist, sondern rasch fertige Antworten verlangt, die direkt zur Aktion führen. Die personenbezogene Einzelberatung dient in diesem Falle als eine exklusive Möglichkeit, sich ohne Rollenbeschädigung dem Fragen und dem Zweifel, dem Prüfen und Vordenken hinzugeben. Damit werden die bei der Problemlösung bedeutungsvoller gewordenen Teilaktivitäten »Wahrnehmung«, »Diagnose«, »Alternativenprüfung«, »Analyse der Nebenwirkungen« oder »Evaluation« wieder in das Handlungsfeld von Managern hereingeholt.

Der Gefühlsgefährte

Diese Variante ist aus einer weiteren Rolleneinseitigkeit von Führungskräften entstanden, die als »emotionale Verarmung« oft beklagt wird. Hier dient »Coaching« als emotional verdichtete Kontaktsituation, in der ungewohnte personale Nähe wieder gespürt werden darf, in der emotionaler Ausdruck wieder möglich ist, in der Schwäche, Angst, Trauer oder Zorn erlebt und durchlebt werden dürfen.

Der Weichspüler

Manchmal geht es in der Berufsrolle darum, stark verfestigte Verhaltensmuster, vorzugsweise solche aus dem Bereich der sozialen Kompetenz, zu verändern. Anlässe entstehen häufig aus Rückmeldungen des Umfeldes, vorzugsweise, weil in Kontaktsituationen bestimmte Verhaltensweisen als nicht mehr funktional erlebt werden. Das beginnt bei der verlorengegangenen Fähigkeit des Zuhörens, die - etwa für Verhandlungssituationen - neu eingeübt werden muß, und das endet noch nicht bei der Fähigkeit, andere in ihren Belangen einfühlend zu verstehen, etwa in krisenangereicherten Führungssituationen. Coaching dient hier dazu, dem Klienten wieder einfache soziale Kompetenzen nahezubringen und sie mit ihm in der geschützten Situation der Beratung einzuüben.

Der Berufsberater

In unübersichtlichen Zeiten verlieren viele, auch gereifte Menschen, die Orientierung darüber, wo sie beruflich stehen und wo sie hinwollen, was sie können, was sie nicht können, was sie anstreben dürfen und wo ihre Wünsche liegen. Sie befinden sich gleichsam noch einmal in der Position von Anfängern, weil die Welt um sie herum sich einschneidend verändert hat. Dies hat vorwiegend damit zu tun, daß gängige Muster beruflicher Erfolgsdefinition plötzlich nicht mehr taugen und Vorbilder für Entwicklung nicht mehr leicht zu finden sind. Ein »Coaching« dient hier dazu, sich wieder Orientierung zu verschaffen, Informationen nach ihrer persönlichen Relevanz für die eigene Lebensplanung neu zu sortieren und gangbare Wege für die nächsten beruflichen Entwicklungsschritte zu definieren. Nicht selten geschieht diese Arbeit im Zusammenhang mit Outplacement-Aktivitäten.

Der Hauslehrer

Hier geht es einfach um die Produktion von Fertigkeiten und Wissen. Entscheidend ist, daß dies auf dem diskreten Wege der Einzelinstruktion geschieht, z.B. weil die derzeitige Rolle es (scheinbar) nicht zuläßt, sich als noch-nicht-Könnender erkennbar zu machen. Gegenstand solcher instruierenden »Coachings« sind z.B. EDV-Kenntnisse, interkulturelle Kompetenzen, Wissensvorräte aus einem unbekannten Gebiet oder auch allerlei »gesellschaftliche« Fertigkeiten (Kleidung, Tischsitten, Auftreten, Redeweise).

c) Besonders bedeutsam:
Einzelberatung in organisatorischen Entwicklungsprozessen
1) eine neue Begründung für Einzelberatungen

Die ersten Coachings in den späten 80er Jahren waren Antworten auf persönliche Problemlagen von Führungskräften, die sich als Personen - bewußt oder unbewußt - in schwierige Situationen manövriert hatten. Mit zunehmender Dynamik aller Wertschöpfungsprozesse in

Unternehmen mußten vielfältige Anpassungsvorgänge hinsichtlich der Strategien, Strukturen und Kulturen von nahezu allen Organisationen vollzogen und bewältigt werden. Umgestaltung, Wandel, Entwicklung und Veränderung wurden zum Alltag, die entsprechende Ausstattung des Managements mit Methoden und Instrumenten, mit Denkgebäuden und Heilslehren blieb nicht aus. Ganz gleich, wie Wandel auch bewältigt wird, er macht vor Personen nicht halt. Individuelle Lern- und Anpassungsprozesse, Verarbeitung von Krisen und persönlichen Brüchen (Aufbrüchen, Umbrüchen, Zusammenbrüchen, Durchbrüchen...) sind erfahrbarer Alltag vieler Menschen in der Arbeitswelt. Und damit erhielt und erhält die Einzelberatung, das »Coaching« früherer Tage, nun einen anderen, breiteren, selbstverständlicheren und professionelleren Stellenwert.

2) Die Veränderungstäter als Beratungsklienten

Wenn Organisationen sich verändern müssen, brauchen sie zunächst »Veränderer« in großer Zahl. Die klassischen Veränderer der Vergangenheit waren die Sanierer, jener Typ von entscheidungsfreudigen und offensiv vorgehenden Managern, die gefährdete Organisationen in einem (zu) späten Stadium des Anpassungsdrucks übernahmen und durch kräftige Einschnitte in das Gewordene von Struktur, Technologie, Ablauf und Rollen versuchten, brauchbare Teile zu sichern und unbrauchbare Teile auseinanderzunehmen, abzustoßen, abzuwickeln oder zu »entsorgen«.

Angesichts der Dynamik von Märkten und Technologien ist die späte Sanierung kein brauchbares Mittel der Veränderung mehr. Andere Rollen sind gefragt: Turnaround-Manager, Projekt-Manager, Manager für strategische Allianzen, Umgestalter von Organisationen, Personalmanager zum »Downsizing« etc.

Damit sind in erheblichen Größenordnungen neue Rollen angesprochen und es werden handlungsfähige Rollenträger für diese neuen Funktionen gesucht. Da keine Zeit für lange Lehrgänge bleibt, betraut man aussichtsreiche Kandidaten mit der ungewohnten Funktion und stellt ihnen mit der Einzelberatung eine Reflexionsmöglichkeit als Lernort zur Verfügung.

3) Die Veränderungsopfer als Beratungsklienten
Wenn alle Kohärenz in Struktur und Ablauf verschwindet, bleiben Menschen nicht ungeschoren. Sie verlieren Beziehungen, die Sicherheit von Gewohntem, stabile Erwartungen, manchmal die Funktion, nicht selten den Arbeitsplatz. Hier dient die Einzelberatung der individuellen Verarbeitung und Neuorientierung, es geht um Verlust und Klage, um Akzeptieren und Neu-Denken, es geht um die Reaktivierung von Wahrnehmung, Kraft, Handlungsfähigkeit und Rollenfindung.

2. Die Qualitätsfragen bei Beratungsprozessen

Was zeichnet »gutes« Coaching aus?

Der Hintergrund: Anlaßadäquater Einsatz von Einzelberatung
Die Anlässe für ein »Coaching« fallen nicht vom Himmel und entstehen selten in der Person des Betroffenen allein. Die Notwendigkeit, sich bei der Gestaltung seiner Berufsrolle beraten zu lassen, erwächst zumeist (auch) aus Mechanismen der Organisation. Das kann durchaus so gewollt sein, wie bei einer Restrukturierung, die vielen Menschen Rollenveränderungen beschert. Das kann auch aufgrund mangelnder Aufmerksamkeit entstehen, wie z.B. bei längerer Vernachlässigung der Führungsaufgabe, die dann bei den Geführten in entsprechende reaktive Verhaltensmuster mündet, die ihrerseits nun über ein »Coaching« am Individuum aufgearbeitet werden sollen. Die Einzelberatung als Arbeitsform ist deswegen ja häufig dem Verdacht ausgesetzt, nur eine personenbezogene Kur für irgendein organisa-

tionsbezogenes Übel zu sein, also letztlich die eingeschliffenen Vermeidungen der Organisation zu stützen und ungute organisatorische Bedingungen zu stabilisieren, indem es sich eilfertig als Reparaturmaßnahme am »untauglich gewordenen Individuum« anbietet. Das ist sicher häufig der Fall, allerdings hilft diese Überlegung nur wenig bei der akuten Problembearbeitung. Welche bewußten oder unbewußten Mechanismen es auch immer waren, die sich bei einer Person zum individuellen Beratungsanlaß verdichteten, sie sind auf der Ebene der Organisation oft jetzt nicht mehr zu revidieren. Nicht selten waren organisatorische Manöver aus anderen, übergeordneten Gründen seinerzeit direkt beabsichtigt und die Beschädigungen von individuellen Rollenmustern wurden bewußt in Kauf genommen. Im Ergebnis bleibt festzuhalten, daß eine organisatorische Problemlage, wenn sie sich erst einmal im Verhalten eines Rollenträgers niedergeschlagen hat und dort zum beratungswürdigen Symptom geronnen ist, auf der organisatorischen Ebene der Strukturen und Prozesse allein nicht mehr zu beheben ist. Das Problem muß nun - zumindest auch - bei der betroffenen Person gesucht und im Einzelkontakt bearbeitet werden. Andere organisatorische Maßnahmen sind damit keineswegs ausgeschlossen.

Was jedoch immer bleibt, ist die Notwendigkeit, den Hintergrund und die Entstehungsgeschichte des Beratungsanlasses auszuloten, um eben nicht bei der bloßen individualisierten Sicht stecken zu bleiben. Angesichts der immer noch vorherrschenden Unschärfe des gesamten Arbeitskonzepts »Coaching« wird es damit schon zu einem Qualitätsmerkmal, wenn personenbezogene Beratungsprozesse nur dort eingeleitet werden, wo sie nach Problemlage und Zielsetzung auch hingehören und nicht als neues Allerweltsheilmittel flächendeckend immer dann herangezogen werden, wenn irgendeine Schwierigkeit im »zwischenmenschlichen Bereich« auftaucht. Der Anlaß für eine Beratung muß damit also mehreren Bedingungen genügen:
• Es handelt sich um eine in der Person des Betroffenen liegende Schwierigkeit der Handhabung seiner beruflichen Rolle.

- Die berufliche Rolle ist über organisatorische Zugriffe nicht ohne weiteres zu verändern.
- Der Betroffene erlebt diese Schwierigkeit im täglichen Arbeitsvollzug und betrachtet sie als - mit eigenem Aufwand - veränderbar.
- Die organisatorische Vorgeschichte des Rollenproblems und ihre strukturellen Einflußfaktoren werden explizit besprochen.

Damit wird verhindert, daß organisatorische Probleme (unklare Regelungen, verschwommene Belohnungssysteme, Überlappungen oder Lücken bei den Zuständigkeiten für Teilaufgaben etc.) über einen »designierten Patienten« nur individualisiert angegangen werden.

Das Zustandekommen der Beratungsbeziehung:
Kontaktprozeß und Rollenverteilung im Vorfeld

Sich beraten zu lassen ist für viele Führungskräfte nach wie vor ein - vermeintlich - stigmatisierendes Unterfangen. Ein »gutes« Coaching entsteht deshalb in einem mehrstufigen sorgfältigen Kontaktprozeß zwischen mehreren Beteiligten, der solche Stigmatisierungsphantasien verhindert und dem Betroffenen gleichzeitig die Verantwortung für sein Vorgehen beläßt. Die Gefahr von Irritationen durch das geplante Coaching wächst dabei exponentiell mit der Zahl der Personen, die an seinem Zustandekommen beteiligt sind. Wird die Beratung durch eine einfache »Selbstmeldung« des Betroffenen bei einem Berater auf den Weg gebracht, so tragen nur die beiden unmittelbaren Akteure die Verantwortung für das Gelingen von Kontakt und Arbeitsbündnis. An diesem Ideal des Selbstmelders richten sich alle anderen Kontaktbemühungen aus: Sind eine oder mehrere vermittelnde Personen (Vorgesetzter, Personalentwickler) dazwischengeschaltet, entstehen bekanntlich leicht Kommunikationsverzerrungen. Deswegen hat sich als gute Praxis herausgebildet, daß die vermittelnden Personen tatsächlich nur den Namen eines Coaches weitergeben und den Betroffenen im übrigen als Selbstmelder agieren lassen.

Wenn man diesen Überlegungen folgt, ergeben sich ziemlich eindeutige Rollenvorgaben für alle im Vorfeld Beteiligten, also Betroffener, Vorgesetzter und Personalentwickler. Diese Rollen sind nur solange bewußt zu konfigurieren, wie es in der Organisation noch keine Routine im Einsatz von Einzelberatungen gibt. Erfahrungsgemäß entsteht im Laufe der Zeit eine kollektive organisatorische Verhaltensroutine auch zum Thema »Einleiten eines Coachings«, die - wenn sie entsprechend angelegt wurde - zu einer akzeptierten »Kultur des Beratenwerdens« führt und weitere Stigmatisierungen oder deren Befürchtung verhindert. Im wesentlichen sind drei Funktionen beim Herstellen einer Beratungsbeziehung involviert:

- Der **Betroffene** hat die Aufgabe, seinen eigenen Beratungsbedarf zu konstatieren, sich mit dem Berater in Verbindung zu setzen und dann das Arbeitsbündnis auszuhandeln.
- Der **Personalentwickler** ist dafür verantwortlich, daß mindestens eine aktuelle Adresse eines passenden »Coaches« zur Verfügung steht, mit dem das Unternehmen eine Arbeitsverbindung unterhält. Er stellt die Verbindung zwischen Betroffenem und Berater her.
- Der **Vorgesetzte** des Betroffenen ist im Rahmen seines Führungshandelns zuständig für die Klärung und Formulierung des Anlasses und der ersten Zielsetzung von Beratung, hat jedoch mit dem eigentlichen Vorgang der Beratung nichts mehr zu tun.

Insgesamt sind die Beteiligten aufgefordert, sich sorgfältig in der Dialektik von Transparenz und Diskretion zu bewegen, mithin abgestimmte Antworten auf folgende Fragen zu finden:

- Wer darf davon wissen, daß eine Einzelberatung stattfindet?
- Wer soll davon wissen, daß eine Einzelberatung stattfindet?
- Wer darf davon wissen, was in der Einzelberatung stattfindet?
- Wer soll davon wissen, was in der Einzelberatung stattfindet

Die Grundlagen des Beratungshandelns:
Vertrag, Arbeitsbündnis und beraterische Beziehung

Wer sich beraten läßt, gibt Unsicherheit zu erkennen, deswegen sind sicherheitsstiftende Aktivitäten im Vorfeld von Beratung meist nützlich. Beim »Coaching« gehört dazu die Dualität von Arbeitsbündnis und formalem Vertrag. Letzterer dient lediglich der Rechtssicherheit aller Beteiligten und wird vom Berater mit demjenigen geschlossen, der die Beratung bezahlt, häufig also mit der Organisation. Der Vertrag entspricht gängigen Dienstleistungsverträgen und regelt Kosten, Termine, Dauer, die Konsequenz von Verstößen und Ausfallsituationen. Im Vertrag darf kein inhaltliches Ergebnisversprechen vorkommen, das widerspräche der gesamten Beratungsidee als offenem Prozeß.

Das eigentliche Arbeitsbündnis kommt (hoffentlich) zwischen Klient und Coach zustande, es berücksichtigt zwar die formal gesetzten Rahmenbedingungen (Zeit, Geld, Thema etc.), richtet sich inhaltlich hingegen nur nach den Absichten des Betroffenen. Inhalte des Arbeitsbündnisses sind Gegenstand des Erstgespräches.

Beide Formen der Absprache sind nicht an irgendwelche Formalien gebunden, bei Vorliegen entsprechender Traditionen und Gepflogenheiten können diese beiden Arbeitsschritte auch ganz hintergründig und nahezu unmerklich ablaufen. Bei Neubeginn von Einzelberatungsaktivitäten in einer Organisation empfiehlt es sich allerdings, hier bewußte Schritte der »Produktion von Vereinbarungen« zu definieren und sorgfältig abzuarbeiten.

Aus dem Arbeitsbündnis auf der Basis eines formalen Vertrages entsteht die für ein »Coaching« konstitutive Beratungsbeziehung. Diese weist eine sehr subtile und spezifische Qualität auf, durch die sie leicht in die Verwechslung mit anderen Beziehungen des Klienten geraten kann: Einerseits ähnelt sie einer reinen Dienstleistungsbeziehung wie zu einem externen Lieferanten, denn sie beruht auf

Absprache, wird bezahlt und ist zeitlich begrenzt. Andererseits entwickelt sie oft emotionale Verdichtungen wie bei einer Freundschaft, denn sie erlaubt das Durchsprechen personenbezogener, oft intimer Inhalte und steht unter besonderem Schweigegebot.

Der Beratungsverlauf: Dauer, Phasen und Auswirkungen

Der Erfahrungswert, daß ein Coaching nicht mehr als ungefähr 10 Sitzungen umfassen sollte, hat sich im Laufe der Jahre als tragfähig erwiesen. Dauerhafte »Begleitungen« von Führungskräften durch einen Hausberater führen dazu, daß dieser zu einem Teil des regulären Bewältigungssystems des Klienten wird. Es müßte dann konsequent nicht mehr von Beratung, sondern von Betreuung gesprochen werden. Umgekehrt gibt es durchaus »Coachings«, die in sehr viel kürzerer Zeit als jene faustregelhaften 10 Sitzungen abgeschlossen worden sind, das hängt vom Thema, vom Anlaß und der Art und Weise der Arbeit ab.

Coaching ist eine Lernaktivität »along the job«, der Klient soll während der Beratungsarbeit in seinem Metier arbeitsfähig bleiben. In einem »guten« Coaching kommt es beim Klienten häufig zu einem ausbalancierten Wechsel von Phasen der Verhaltens-Verunsicherung und solchen der Verhaltens-Stabilisierung. Ein nur »stützendes« Beratungsgeschehen enthält häufig zu wenig Lernen im Sinne der »Dekonstruktion« von Wirklichkeit, ein nur aufwühlendes und verunsicherndes »Coaching« schränkt die Arbeitsfähigkeit des Klienten zu sehr ein. Diese Rhythmik richtet sich im Einzelfall allerdings nach dem Arbeitsstil des Beraters und nach dem Lernstil des Klienten. Während der Beratung befindet sich der Klient immer wieder in einem Stadium des Experimentierens, was die Umwelt gelegentlich irritierend findet, insbesondere, wenn man in der Arbeitsumgebung von diesem »Coaching« nichts weiß. Entscheidend ist, daß dem Klienten jeweils genügend Zeit bleibt, die Impulse aus dem Beratungsgeschehen auch im Arbeitsalltag zu testen und zu erproben. Deswegen liegen zwischen den Sitzungen häufig mehrere Wochen, was wiederum zu einer Sitzungsdauer von mindestens zwei Stunden führt, weil die zwischenzeitlich erlebte Realität vom Klienten ja berichtet und beraterisch ausgewertet werden muß.

Es ist unmittelbar einsichtig, daß der Transfer aus der Beratung für den Klienten um so leichter ist, je offener er mit dieser Erfahrung in seiner regulären Arbeitsumwelt umgehen kann. So ist es nur zu erklärlich, daß die frühere hohe Diskretion um das Beratenwerden inzwischen einer souveränen, allseits bekannten und akzeptierten Nutzung dieser Leistung Platz gemacht hat, weil die Transferwirkung in die Organisation hinein ungleich produktiver wird.

Das Ergebnis: Zielbezogene Problemlösung plus Lerneffekt

Die landläufige Frage nach dem Abschluß eines »Coachings«, ob es denn nun »etwas gebracht hat«, setzt gedanklich eine eindeutige und klar überprüfbare Zielsetzung, also ein »wohldefiniertes Problem« als Gegenstand des Coachings voraus und geht deswegen an dem Kern eines solchen Beratungsprozesses etwas vorbei. Sicherlich kann man erwarten, daß das Problem, aus dem heraus es zum Coaching gekommen ist, nun anders und besser angegangen werden kann als vorher. Es ist jedoch ein Merkmal »guter« Coachings, daß häufig die Problemsicht selbst eine andere geworden ist, der Klient also etwas über seine Art und Weise gelernt hat, eine Situation als Problem zu beschreiben. Deswegen ist der Effekt eines Coachings häufig mehrdeutig. Einerseits gibt es - hoffentlich - durchaus einen Zugewinn an Lösungspotential für das ursprüngliche »Problem«, andererseits gibt es aber auch einen Lerneffekt, der darüber hinausreicht. Wenn individuelle und organisatorische Verhaltensmuster in dem konkreten Beratungsanliegen deutlich wurden, wenn zusätzlich auch die Grundlagen der Entstehungsgeschichte von Verhaltensmustern an Transparenz gewinnen, dann ist der Klient in einem viel allgemeineren Sinne mit zusätzlichen Möglichkeiten des Agierens und der Ausgestaltung seiner Rollenwirklichkeit versehen.

Professionell begründete Erwartungen an einen »guten« Einzelberater

Die Qualifikationsprofile für Einzelberater sind immer noch weitgehend Ansichtssssache; sucht man nach dem gemeinsamen Kern, stößt man auf die gängigen Forderungen nach methodischer, personaler und feldbezogener Kompetenz (z.B. Schreyögg, 1996; Looss, 1997). Das sind jedoch bestenfalls Minimalforderungen, es ist kaum denkbar, daß ein voraussehbar gutes Coaching mit einem Berater zustande kommt, der diese Mindestkriterien nicht als Selbstverständlichkeit seiner Arbeit mitbringt.

Beim Einsatz von Einzelberatern trifft man auf eine Parallelität zur Besetzung von Führungspositionen: Auch Coaches lassen sich nicht mit Hilfe einiger persönlicher »Eigenschaften« auswählen, entscheidender ist bei einer komplexen Aktivität wie Beratung die »Passung« zwischen Berater, Klient, Organisation und Thema. Häufig wird hier verlangt, daß der Berater mit dieser oder jener Personengruppe (Vorstände, Entwicklungsingenieure, Amtsleiter, Frauen, Redakteure, Ältere Mitarbeiter, Ausländer, Nachwuchskräfte...) oder mit diesem oder jenen Sachverhalt (Konflikte mit Mitarbeitern, Burnout-Syndrom, Mobbing, Durchsetzungsvermögen, strategische Kompetenzen...) Vorerfahrungen haben soll, weil davon ausgegangen werden kann, daß es dann auch zu einer guten Passung kommt. Als handwerklicher Zwischenschritt macht eine solche Überlegung Sinn, sie darf jedoch nicht ausschließen, daß ein gutes Coaching manchmal gerade dadurch entsteht, daß der Berater eben noch keine Erfahrungen mit diesem oder jenem Teilaspekt des Beratungsgegenstandes mitbringt und deswegen mit seinen naiven Fragen viel deutlicher die impliziten Vorannahmen sichtbar machen kann, die der Problemkonstruktion in der Organisation zugrundelagen.

Beratung ist eine Erfahrungswissenschaft und deswegen liegt die Vermutung nahe, daß der erfahrenere auch der »bessere« Coach ist. Auch diese Überlegung ist nicht von der Hand zu weisen, sie greift dennoch zu kurz. Es gibt viele Beispiele exzellent verlaufener Beratungen mit professionell noch wenig erfahrenen Beratern, die jedoch in einer ganz spezifischen Situation mit einem ganz spezifischen Klienten und Thema genau die entscheidenden Arbeitsschritte gefunden/erfunden haben.

Wenn die bisher vorliegenden Erfahrungen zur Auswahl eines Coaches etwas zeigen, dann die Notwendigkeit, daß der Klient sich auf sein Gefühl verläßt, ob er mit diesem besonderen Menschen denn nun glaubt, an persönlichen Themen arbeiten zu können.

Umgekehrt gilt auch, daß ein guter Coach sich selbst und seine Methodik, seine Handlungsmodelle, seine Geschichte, seine Vorlieben und Schwächen so gut kennt, daß er vorab schon einigermaßen sicher weiß, ob er mit diesem und jenem Thema oder dieser und jener Person mit Aussicht auf Erfolg arbeiten kann.

Sogenannte »gute Coaches« sind daran erkennbar, daß sie
• jene Aufträge rasch ablehnen, deren Nichtgelingen sie erahnen.
• auf den einzelnen Auftrag nicht angewiesen sind, deswegen wählen können.
• ihre Kriterien parat haben, nach denen sie ihre Wahl treffen.
• dem Klienten rasch ermöglichen, eine Wahl zu treffen.
• niemals um diesen oder jenen Auftrag »baggern«.

Wie läßt sich die gewünschte Qualität von Einzelberatungen aus Sicht des Auftraggebers handwerklich sichern?

1) Qualität und Beratungsprozesse

Es gehört zu den leidvolleren Erfahrungen der Konzeptdiskussionen um Dienstleistungsqualität, daß der Qualität »Qualität« auf generellem Wege nicht beizukommen ist (Haller, 1993). Qualität ist ein politischer Begriff, den jede Organisation mit Blick auf ihr spezifisches Umfeld und für jeden Arbeitsbereich unterschiedlich zu definieren hat. Wer Coaching-Leistungen extern einkauft, um sie für die Führungskräfte und Mitarbeiter des Hauses bereitzustellen, kommt nicht darum herum, im Detail festzustellen, was »Qualität« im konkreten Fall und Kontext bedeutet. Diese Setzungsarbeit wird immerhin dadurch erleichtert, daß solche Qualitätsvorstellungen in den meisten Fällen implizit bereits vorhanden sind. Was zu leisten ist, bezieht sich auf das Formulieren und gemeinsame Abstimmen zwischen jenen, die an der Coaching-Leistung ein professionelles Interesse haben. Im folgenden werden einige wesentliche Bereiche solcher professioneller und kollektiver Selbstaufklärung benannt, die bei der Qualitätsdiskussion um »Coaching« erfahrungsgemäß eine Rolle spielen. Erst wenn diese Klärungen vorliegen, können qualitätssichernde Instrumentarien definiert und eingeübt werden.

2) Transparenz und Klarheit der Coachinganlässe

Es wurde bereits beschrieben, daß »Coaching« als Beratungsform sich nur für solche Anlässe eignet, die sich in der Person des Betroffenen bereits zu einer persönlichen Rollenschwierigkeit verdichtet haben. Wer Coaching für andere organisieren muß, tut demnach gut daran, sich immer wieder diese Anlässe sehr genau anzusehen, die zum jeweiligen Beratungsanliegen geführt haben. Es gilt also, aufmerksam zu bleiben für die hintergründigen Muster der Organisation, die sich in solchen Anlässen zeigen. Das ist wiederum nur möglich, wenn auch möglichst viele Coaching-Anfragen den Tisch des Personalentwicklers passieren und sich nicht jede Führungskraft oder jeder Mitarbeiter das eigene »Coaching« einfach so auf dem freien Markt besorgt. Dies wiederum ist sicherlich nur dann gewährleistet, wenn die Personalentwicklung als »sorgfältiger Makler« ein solides firmenbezogenes Coachingangebot ohne Stigmatisierung und mit der entsprechenden Diskretion und Professionalität bereitstellt, wenn also die Führungskräfte mit den von der Organisation angebotenen Coachingleistungen auch gute Erfahrungen machen.

Die Beratungsanlässe werden vom Personalentwickler in einem sorgfältigen Klärungsgespräch mit dem Betroffenen ermittelt. Einige Leitfragen haben sich dabei als nützlich erwiesen:

- Seit wann besteht diese Rollenschwierigkeit, wann ist sie aufgetaucht?
- Welches »business-Problem« ist mit dieser Rollenschwierigkeit verbunden?
- Wer und was hat sie verursacht?
- Warum wird die Rollenschwierigkeit ausgerechnet jetzt zu einem bearbeitungswürdigen Problem?
- Was müßte geschehen, damit diese Schwierigkeit verschwindet?
- Wer könnte das veranlassen?
- Wie sind Sie bisher damit zurechtgekommen?
- Welche Belastungen ergeben sich aus Ihrem bisherigen Umgang mit dem Problem für Sie?
- Wie kommt es, daß Sie sich von einem Coaching Abhilfe versprechen?
- Angenommen, Coaching wäre noch nicht erfunden, was würden Sie dann tun?

Damit werden einmal mehr gängige Vorgeschichten, auch solche der Organisation, deutlich, diskutierbar und wiederkehrende Muster lassen sich erkennen. Zudem hilft diese Vorklärung bei der Auswahl des geeigneten Beraters und fokussiert den Klienten bereits auf die Beratungsthematik und seine eigenen Wünsche.

Es ist eine andere Frage, auf welchem Wege die im Laufe der Zeit gesammelten Informationen und die Deutungen aus vielen Coachinganlässen dann zu einer Rückmeldung an die Organisation verwendet werden. Hier wird es insbesondere auf Anonymität und Schutz der Betroffenen ankommen. Die Frage, welche Rollen-Probleme eine Kultur immer wieder hervorbringt und ihren Mitarbeitern zumutet, ist ja ökonomisch nicht ohne Interesse, damit dürfte es auch einen Anreiz geben, diese Informationsquelle zu nutzen, ohne sie zu beschädigen.

3) Das Umfeld

Die Handhabung von »Coaching« als Arbeitsverfahren ist in Organisationen zwangsläufig sehr unterschiedlich ausgeprägt. Es gibt inzwischen Beispiele, in denen der »Gang zum Coach« bei jeder durch die Organisation veranlaßten deutlichen Rollenveränderung mittlerweile eine Selbstverständlichkeit geworden ist. »Coaching into the job« ist in mehreren Firmen ein Routineverfahren bei fast allen wesentlichen Stellenbesetzungen und wird ebenso selbstverständlich abgearbeitet wie die Ausfertigung des Arbeitsvertrages oder die Bestellung von Büromöbeln. Es gibt andererseits Organisationen, wo die Kultur des »Wir-können-alles-alleine« noch so ausgeprägt ist, daß eine durchgeführte Einzelberatung einer kleinen Sensation nahekommt und mit entsprechendem Aufwand an Geheimhaltung und dem Odium des Besonderen durchgeführt werden muß.

Es macht demzufolge Sinn, sich den Reifegrad der Organisation, bezogen auf den Einsatz dieses Arbeitsmittels, sehr genau anzuschauen. Langfristig kommt die Organisation nicht darum herum, sich gewissermaßen »offiziell« für oder gegen den Einsatz von Einzelberatung zu entscheiden. Der erste auftauchende Coaching-Anlaß ist also für die Verantwortlichen z.B. einer Personal(entwicklungs)abteilung ein guter Moment, um diesen internen Klärungsprozeß in Gang zu setzen. Dann wird deutlich, daß jedes einzelne durchgeführte Coaching neben den erwünschten positiven Lerneffekten des Einzelfalls auch einen Beitrag dazu leistet, daß die Organisation sich an dieses Verfahren gewöhnt. Damit ist dann auch die Richtung der

Implementierungsarbeit vorgegeben: Soviel Transparenz wie möglich und soviel Diskretion wie nötig. Die oben beschriebene bewußte Frage danach, wer von dem Coaching wissen darf und wer nicht oder die Frage nach den Gründen jeweiliger Offenheit oder Diskretion macht kulturelle Normen und untergründige Befürchtungen bewußt und besprechbar.

Es gibt weitere Möglichkeiten, Coaching als normales Arbeitsverfahren in der Organisation zu implementieren. Man kann als Personalabteilung z.B. einen ganz »offiziellen« Weg gehen, einen Vortrag vor Führungskräften ansetzen, ein Informationsblatt mit den Spielregeln herausgeben und dergleichen mehr. Man kann aber auch schrittweise vorgehen und die Organisation mit jedem Einzelfall von Coaching ein Stück mehr an das Verfahren gewöhnen.

In jedem Fall muß gesehen werden, daß mit dem Einsatz dieses beraterischen Instruments die Organisation beginnt, ihr Verhältnis zum Lernen und Reflektieren neu zu bestimmen. Wenn »Coaching« im beraterisch besten Sinne offiziell wird, werden Tätigkeiten wie Reflektieren, Erproben, Nachdenken, miteinander sprechen wieder in die Organisation und ihre Wertschöpfungsaktivitäten hereingenommen. Die damit ausgelösten Irritationen müssen ernst genommen und bewußt verarbeitet werden.

4) Die Werkzeuge: Ein Pool von ausgewählten Coaches und andere etablierte Handhabungsformen

Ab einer gewissen, im Einzelfall zu wählenden Häufigkeit von Beratungsanlässen ist es sicher sinnvoll, sich als Personal(entwicklungs)abteilung eine dauerhafte und leicht nutzbare Arbeitsverbindung zu einigen Coaches zu sichern: auch im Bereich der hochkomplexen Dienstleistungen haben ständige Lieferantenbeziehungen ihre Vorzüge. Die Coaches lernen das Unternehmen und die dort herrschenden Normen, die organisatorischen Details und Gepflogenheiten im Laufe der Zeit kennen. Die »Liefer-Qualität« der Dienstleistung ist geprüft und für tauglich befunden, die organisatorischen und administrativen Verfahren profitieren im Detail von einem allseitigen Übungsgewinn und die sich einstellende Routine schafft allseits Entlastung von kommunikativem Aufwand. Der Aufbau solcher professioneller Beziehungsnetze erfolgt nicht schematisch, meist sind sie aus den guten Erfahrungen mit einzelnen Beratern entstanden. Im Endzustand ist eine Personal(entwicklungs)abteilung dann in der Lage, auf Anfrage einen oder mehrere arbeitsfähige Berater zu nennen, mit denen der im Einzelfall Betroffene dann prüfen kann, ob er sich auf ein »Coaching« einlassen will.

Sehr bewußt ist hier die Rede von mehreren Beratern bzw. einem Berater-Pool. Zum einen haben gute Berater nicht automatisch und immer sofort freie Termine, zum anderen paßt nicht jeder Coach zu jedem Klienten. Ein guter Berater-Pool enthält ältere und jüngere, männliche und weibliche, eher psychologisch orientierte und eher pragmatisch-managerial vorgehende Coaches - weitere Differenzierungen sind möglich. Bei Bedarf steht zudem das professionelle Kollegen-Netzwerk zur Verfügung, das sich jeder seriöse Coach im Laufe der Zeit aufbaut und aus dem dann weitere Ansprechpartner gewonnen werden können. Sich auf einen einzelnen »Exklusiv-Coach« für die gesamte Organisation zu stützen, birgt die bekannte Gefahr, daß der Berater zu sehr mit dem Klientensystem verschmilzt. Auch die häufig gewünschte Exklusivität der einzelnen Beratungsbeziehung kann bei nur »einem Berater für alle« nicht in jedem Fall gesichert werden.

Es ist in vielen Organisationen mittlerweile guter Brauch geworden, sich im Sinne der Beziehungspflege und zur Aktivierung des überindividuellen »Auswertungsblicks« einmal jährlich mit allen Beratern der Organisation zu treffen, um Erfahrungen auszutauschen, organisationsbezogene Konsequenzen aus vielen einzelnen »Coachings« zu diskutieren und präventiv dafür zu sorgen, daß unter den Beratern die kollegiale Qualität erhalten bleibt.

5) Die Steuerung des Beratungsablaufs im Einzelfall

Es ist schon mehrfach die Rede davon gewesen, daß sich eine Personal(entwicklungs)abteilung beim Einleiten eines Coachings vorzugsweise in der Rolle des sorgfältigen Maklers bewegt. Diese Rolle als Kontaktanbahner und -vermittler hat ihre eigenen guten Traditionen, auf die mit Gewinn zurückgegriffen werden kann: Als Makler operiert man zwischen mindestens zwei unterschiedlichen Interessenwelten mit verschiedenen Gewohnheiten und Sprachen. Bei der Herstellung eines Coaching-Kontaktes sind in jedem Falle die Interessen des Klienten und die des Coaches im Spiel: Der Klient möchte wissen, wie er sein Problem lösen kann, welcher Aufwand und welche Risiken damit verbunden sind. Der Coach möchte wissen, ob er eine Chance zur erfolgreichen Arbeit hat, worum es thematisch geht und welche Erwartungen an ihn gestellt werden. Alle diese Informationen und Wünsche gilt es sorgfältig zu transportieren, d.h. zwischen der Welt der Führungskraft und der Welt der Beratung zu übersetzen und Anschluß herzustellen. Dazu ist es notwendig, daß eine als Makler agierende Personal(entwicklungs)abteilung beide professionelle Welten mit ihren Besonderheiten hinreichend gut kennt. Sie muß einerseits mit dem Coach verständig über den Klienten und dessen Symptomlage sprechen, sie muß andererseits mit dem Klienten über den Berater und dessen Arbeitsmethodik reden. Als Makler ist sie Anwalt des Gelingens eines eigenständigen und neuen Prozesses, ihr Maklererfolg ist der für alle Parteien tragfähig hergestellte Kontakt, aus dem die neue Beratungsbeziehung erwächst.

Um diese nicht ganz unkritische Rolle zu füllen, haben sich einige Usancen herausgebildet:

• Mit dem Klienten werden der Problemhintergrund, die Beratungsneigung, Vorerfahrungen, Erwartungen, Zeitaufwand und sonstige Spielregeln besprochen.

• Mit dem Berater werden Thema, organisatorischer Hintergrund,

Person und Rolle des Klienten, Beratungsmethodik und Honorar-fragen geklärt.

- Mit dem Vorgesetzten werden ggf. Problemlage, Entstehungs-geschichte, Ziele und Erwartungen besprochen, möglichst sogar gemeinsam mit dem Klienten.
- Der Klient meldet sich bei dem Berater bzw. den Beratern, die ihm vorgeschlagen wurden und führt Erstgespräche durch.
- Der Klient entscheidet allein darüber, was aus dem Coaching der Personal(entwicklungs)abteilung oder dem Vorgesetzten zurückge-meldet wird.
- Nach Abschluß des Coachings kann ein gemeinsames Gespräch mit Vorgesetztem und Klient nützlich sein.
- Der Coach stellt eine neutrale Rechnung an die Personal(entwick-lungs)abteilung.

Diese einfachen »Spielregeln« stellen ein Grundgerüst dar, Ab-weichungen sind im Einzelfall und bei vorliegenden Routinen und in entsprechenden Kulturen selbstverständlich möglich, sollten jedoch genau überlegt sein.

Literatur

Geissler, J./Günther, J. Coaching: Psychologische Hilfe am wirk-samsten Punkt, in: Blick durch die Wirtschaft v. 17.3.1986

Haller, S. Methoden zur Beurteilung von Dienstleistungsqualität. Überblick zum State of the Art, in: Zeitschrift für betriebswirt-schaftliche Forschung, Heft 1/1993

Looss, W. Partner in dünner Luft, in: manager magazin 6/1986, S. 136-140

ders. Unter vier Augen: Coaching für Manager, 4. Aufl., Landsberg 1997

Schreyögg, A. Coaching, 2. Aufl., Frankfurt/New York 1996

IV. Teil
Organisationsentwicklung – Veränderung durch Entwicklung und Lernen

1. Wurzeln und Grundlagen von Organisationsentwicklung (OE)

Organisationsentwicklung ist eine Wissenschaft, eine Technologie und eine Philosophie.

Dies ist eine der Kernaussagen von Ed Schein, einem der Mitbegründer des Feldes (Schein 1990, in: Fatzer 1990).

Der erste Teil umschreibt die wissenschaftlichen Grundlagen von Organisationsentwicklung, nämlich Aktionsforschung, Feldforschung und Ethnomethodologie (Fatzer 1987, 1996; Lewin 1947, 1951; Massarik 1985; Schein 1987, 1988).

Kurt Lewin als der Begründer des Feldes beschrieb in seinen berühmten Aktionsforschungsexperimenten die Grundprinzipien von Gruppen oder Organisationen, die sich selbst erforschen. Diese Grundlagen bildeten das Fundament für die ganze Erfindung der gruppendynamischen Laboratorien, die ursprünglich die Organisationsentwicklung ausmachten und die Basis der 1947 gegründeten National Training Labs bildeten (NTL Konferenz, Massarik 1997). Dieser Aktionsforschungsteil von OE machte auch die ursprüngliche Praxis aus, da die ersten OE-Experimente in Form von Aktionsforschungsprojekten durch externe Forscher durchgeführt wurden und zwar zuerst in den Hawthorne Experimenten in den Fabriken des Lewin-

Biographen Alfred A. Marrow (1975). Die Gruppe um Douglas Mc Gregor am M.I.T., welche Lewin den Aufbau seines gruppendynamischen Forschungslaboratoriums ermöglichte, führte diese Arbeit weiter: Richard Beckhard, Edgar Schein, Warren Bennis.

Gleichzeitig entstand in Bethel (Maine) an einem möglichst abgelegenen Ort die Summer School der National Training Labs, die Leland Bradford leitete. Dort betrieb man Aktionsforschung als angewandte Gruppendynamik (Bradford et al. 1965), und dort entstand auch der zweite Teil von Organisationsentwicklung, nämlich OE als Technologie, als Sammlung von angewandten Methoden der Sozialtechnologie. Diese werden heute zum Teil völlig isoliert dargestellt, so auch in dem Bestseller von Antons »Angewandte Gruppendynamik« (1980).

Zusammen mit Bradford arbeiteten am NTL, neben Benne und Chin, auch Ronald und Gordon Lippitt (1980), die die ganzen Großgruppenmethoden wie Zukunftskonferenz (Weisbord 1992), Open Space (Owen 1992) oder RTSC (Real Time Strategic Change) (Dannemiller 1992) entwickelten.

Die gesamten historischen Grundlagen von OE können hier aus Platzgründen nicht dargestellt werden (Fatzer 1990, Nevis 1993). Dies haben wir andernorts ausführlich getan (Fatzer, Massarik 1999; Kleiner 1997).

Der dritte Teil von Scheins Begriffsbestimmung von OE beschreibt sie als Philosophie, nämlich die humanistische Grundhaltung in der Prozeßberatung (Schein 1987, 1988); hier schimmert auch die nichtdirektive Haltung von Rogers durch. Zudem ist hier auch die Position des OE-Beraters als Ethnologe oder Aktionsforscher gemeint. Nevis hat hier die zwei prototypischen Organisationsdetektive Sherlock Holmes und Colombo für die Aktionsforschung oder Organisationsdiagnose in die OE-Diskussion eingeführt (1988). Diese beiden Forscherhaltungen kann man im Rahmen jeder Diagnose kennenlernen und üben. Wir führen dies jeweils als ethnographische Organisationserkundung durch.

Eine andere Definition, die alle Aspekte des Feldes umfaßt, lautet folgendermaßen:

»Organisationsentwicklung ist eine systemumfassende Anwendung von Wissen und Konzepten aus den angewandten Sozialwissenschaften auf das Gebiet der geplanten Entwicklung und Veränderung von Organisations-Strategien, -strukturen und -prozessen zur Verbesserung der Organisations-Wirksamkeit oder -effizienz« (Cummings 1993, S. 2).

Die Elemente dieser Definition können folgendermaßen konkretisiert werden:

1. OE wird auf ein ganzes System angewendet und hat die Gesamt-Organisation im Fokus. Das unterscheidet sie auch klar von Supervision (s. o. II. Teil von K. Rappe-Giesecke) und von Coaching (s. o. III. Teil von W. Looss). Es kann allerdings die gleichzeitige Anwendung der drei Verfahren geben (vgl. Looss 1997, Rappe-Giesecke 1997).

2. OE basiert auf Konzepten und »Landkarten« der angewandten Sozialwissenschaften (s. o. I. Teil von G. Fatzer). Dies umfaßt Mikro-Konzepte wie Führung, Gruppendynamik und Konzepte von Arbeit sowie Makro-Konzepte wie Organisations-Strategie, -struktur, -kultur und System-Umwelt-Beziehungen. Darin unterscheidet sich OE von Ansätzen wie »Business Re-Engineering« (Vansina 1996), »Lean Management« (Womack 1996) oder den Experten-Ansätzen von Mc Kinsey oder Roland Berger, die eine genaue Vorstellung davon haben, wie das Endprodukt aussieht und die aus diesem Grund auch immer an der Umsetzung scheitern. Die neuste Modewelle ist im Moment, daß auch diese Firmen den Kunden vorgaukeln, sie würden OE praktizieren. Das allerdings können Kunden leicht eruieren, indem sie die drei Grundmodelle von Beratung von Schein (s. o. I. Teil von G. Fatzer) zu Hilfe nehmen.

3. OE ist zwar mit geplantem Wandel beschäftigt, hat aber deswegen keine fixierten Vorstellungen über Abläufe. OE beschreibt eher einen adaptiven Prozeß der Planung und Implementierung von Veränderung. Als Wegleitung sind »Phasenmodelle« hilfreich, wie wir sie verschiedentlich vorgestellt haben. Dies sind innere »Landkarten«, die zeigen, wie Veränderung funktionieren kann.

4. OE umfaßt das Planen, aber auch die Umsetzung von Maßnahmen des Wandels oder der Organisationsveränderung. Konkret heißt dies, daß sie sich ebenso mit der Stabilisierung und Institutionalisierung beschäftigt, ganz im Sinne von Kurt Lewins Diktum »Betroffene zu Beteiligten machen« (zu diesen Phasen von Veränderungsprozessen vgl. Fengler und Weigand, in: Fatzer 1996).

5. OE geht weiter als die einfache Veränderung von Strategie, Struktur und Prozessen. Dies sieht man deutlich bei allen Implementierungsfragen von Total Quality Management und kontinuierlichen Verbesserungsprozessen (Fatzer 1998d). Hier endet auch fast immer das »Latein« der meisten Expertenberatergruppen.

6. OE zielt auf die Verbesserung der Organisations-Effizienz ab, oder im Sinne von Entwicklungsphasen auf die »arbeits- und lernfähige Organisation«. Diese ist imstande, ihre eigenen Probleme zu lösen und lernfähig zu sein. In diesen Punkten unterscheidet sie sich auch von anderen Beratungsansätzen wie z. B. reine Expertenberatung.

Historisch gesehen entstand OE aus der externen Position von Organisationsforschern, die unterschiedliche Phänomene wie Arbeitsplatzbedingungen oder Humanisierung des Arbeitsplatzes untersuchten (Nevis 1993, Burke 1987, Kleiner 1997). Dick Beckhard prägte zusammen mit seinen Mitarbeitern vom M.I.T. in den fünfziger Jahren den Ausdruck »Organisationsentwicklung« für diese Tätigkeit (Beckhard 1987, 1996). Durch den Entwicklungsstrang von Lewin kam die Gruppendynamik dazu, als Selbsterforschung von Gruppen, die dann in der systematisierten Form der Trainingsgruppenbewegung durch das NTL praktiziert wurde (Bradfort et al. 1965). Offiziell begann das Feld seine Existenz 1969 durch den Start der von Dick Beckhard und Ed Schein herausgegebenen Reihe im Verlag Addison Wesley, wo sechs Autoren in sechs Büchern ihre Sichtweise des Feldes darlegten: Richard Beckhard zu »Organisationstransformation«, Warren Bennis zu »Führung und OE«, Blake und Mouton zu ihrem »GRID«-Ansatz von OE, Lawrence und Lorsch zum »Kontingenz-Ansatz der OE«, Ed Schein zu »Prozeßberatung« und Richard Walton zu »Konfliktansätzen der OE« - sechs sehr individuelle Perspektiven.

Es ist klar, daß die Philosophie und die Zielsetzungen von OE stark geprägt waren durch den damaligen Zeitgeist und die politischen Umstände, und daß sich OE in heutiger Zeit und ökonomischer Umgebung anders präsentiert (vgl. Nevis, in: Fatzer 1993). Viele der Zielsetzungen basierten auf den Grundannahmen der humanistischen Psychologie und der partizipativen Vorgehensweise in der Politik. Gekoppelt mit Lewins demokratischen Zielsetzungen von Wissenschaft oder Aktionsforschung zeigt sich dieses Erbe heute als überholungsbedürftig und manchmal als wenig anschlußfähig oder antiquiert. Dies ist häufig auch die Rückmeldung von Change-Managern und Führungsverantwortlichen. So fragt sich dann auch, ob in Zeiten von Rezession und zunehmender Turbulenz durch Globalisierung die Grundphilosophie der OE die Probleme von heutigen Organisationen noch abdecken kann.

Historisch gesehen sind es fünf Pfeiler, auf denen OE ruht.

1. Laboratoriumsmethode des Lernens, wie von NTL und vom Forschungszentrum für Gruppendynamik am M.I.T. entwickelt (1947 bis heute). Dies war zu Beginn die klassische Methode und

Lernform von OE, mit der Grundannahme, daß sich Lernen in der Trainingsgruppe auf die Entwicklung der Organisation auswirke (vgl. Fatzer 1980). Diese Form wird heute noch als Grundform empfohlen, ist aber natürlich ausführlich erweitert und angereichert worden.

2. Survey Feedback Forschung, wie sie primär von R. Likert am Institute for Social Research in Michigan entwickelt wurde (1948 bis 80er Jahre). Ursprünglich war sie das klassische Forschungsinstrument mit Umfragen quer durch alle Hierarchiestufen und einem ausgeklügelten Feedback-System. Sie wird heute nur noch begrenzt, primär durch klassische Forschungsinstitute im Rahmen von Mitarbeiterbefragungen eingesetzt. (Abgewandelte Formen in heutigen Diagnosen, Aufwand aber meistens extrem groß.)

3. Aktionsforschung, wie sie von Kurt Lewin und seinen Studenten in diversen berühmten Studien angewendet wurde, so z.B.: Marrows Studien in der Harwood Manufacturing Plant, Coch und French zum Thema Widerstand bei Veränderungen«, White und Hamiltons berühmte Studie des Tremont Hotels in Chicago und Colliers berühmte Aktionsforschungsstudie zur Verbesserung der Beziehungen zwischen Indianern und Weißen (zwischen 1933 und 1945; vgl. Fatzer 1996). Diese Studien legten die Grundlagen zu »Partizipativem Management« als Fundament von Veränderungsmanagement.

4. »Quality of Work Life«- Ansätze oder die soziotechnische Schule von Eric Trist (1950 bis heute). Eric Trist war einer der frühen Bewunderer von Kurt Lewin, als dieser Ende der 30er Jahre aus Berlin in die Vereinigten Staaten auswandern mußte. Dies wurde an der NTL-Konferenz sehr eindrücklich durch seine Witwe Beulah Trist geschildert (Massarik 1997). Trist schuf zusammen mit

Fred Emery die theoretischen und praktischen Grundlagen einer Verbindung von sozialen und technischen Systemansätzen der Organisation, basierend auf ihren bahnbrechenden Untersuchungen von Arbeitsbedingungen in britischen Kohleminen. In den 50er Jahren legten sie mit ihrer Arbeit mit Sidder Hawkeley den Grundstein für die heute bekannten Zukunftskonferenzen (Emery 1996). Die ganze Bewegung begründete auch den demokratieorientierten Ansatz von OE und »Humanisierung der Arbeitswelt« und strahlte stark in die skandinavischen Länder aus. Heute ist diese Bewegung auch in den Vereinigten Staaten im Rahmen von gewerkschaftlich und politisch fundierter OE populär. Frühe Praktiker dieser Ansätze entwickelten Programme in Großbritannien, Irland, Norwegen und Schweden. Diese Qualitätsprogramme umfaßten Gewerkschaften und Management im gemeinsamen Entwerfen eines Designs von Arbeitsabläufen, die den Mitarbeitern ein hohes Ausmaß an Aufgabenvielfalt und Feedback gaben. Zum Teil resultierten daraus »Job Enrichment«-Programme oder autonome Arbeitsgruppen, wie sie insbesondere in der produzierenden Industrie umgesetzt wurden (Volvo u.a.). Weiterentwicklungen finden sich in den Ansätzen von Qualitätszirkeln oder Total Quality Management.

5. Strategische Veränderung oder Entwicklung der Gesamtorganisation (70er Jahre bis heute). Diesem neusten Einfluß liegt die Annahme zugrunde, daß Organisationen extrem komplex und in ihren jeweiligen Umgebungen nur schlecht plan- und steuerbar sind. Ferner sind die Umgebungen nur schwer kalkulierbar, die Märkte sind nicht mehr vorhersehbar. Man muß im Veränderungsmanagement die Faktoren Struktur der Organisation, Kultur, Strategie und Systemumgebung im Auge behalten. Vorgehensweisen sind z. B. offene Systemplanung, wie sie durch R. Beckhard (1996) entwickelt wurde. Diese ist in der entsprechenden »Veränderungslandkarte« in

der Einleitung beschrieben. Aus diesen Vorgehensweisen sind auch die Großgruppenansätze von Dannemiller (1992) entstanden. Im deutschen Sprachraum kann man hier die »strategische Unternehmensentwicklung« als Teil der OE nennen.

Im deutschsprachigen Raum verlief die frühe Entwicklung so, daß Traugott Lindner, Max Horkheimer und andere Mitbegründer der Zeitschrift »Gruppendynamik« in den 60er Jahren die ersten Seminare durchführten (Fatzer 1980). Die gesamte Breite der Organisationsentwicklung in Europa wurde in einem Sammelband von Trebesch (1980) trefflich dargestellt. Leider schaffte es die daraus entstandene GOE (Gesellschaft für Organisationsentwicklung) nicht, länger als bis Ende der 80er Jahre zu überleben, was auf die Schwierigkeiten von Beratern in der Bildung einer »Professional Community« hinweisen mag. Offenbar sind sie doch eher Einzelkämpfer.

Neue Impulse kamen dann durch die Gruppe um Glasl, der den NPI-Ansatz von Lievegood im deutschsprachigen Raum popularisierte sowie durch diverse Gruppierungen in Österreich, die sich etwas hochtrabend »Wiener Schule« nennen (Timel 1997) und zu denen diverse systemische Beratergruppen gehören. Sie unternahmen es, die Systemtheorie Luhmannscher Prägung auf die OE zu übertragen. Im deutschen Raum repräsentieren dies insbesondere Gruppendynamiker um Doppler, Lauterburg und Heintel.
Ihre Publikationen erscheinen primär in der Zeitschrift »OE«, laut Angabe der Herausgeber die einzige Zeitschrift zu OE im deutschsprachigen Raum.
Der Vergleich zum amerikanischen Feld mit diversen großen Dachorganisationen wie OD Network, OD Division in der Academy of Management, ASTD und entsprechenden Fachzeitschriften mag bei uns einen noch stärker konzeptionellen Ansatz von OE als Feld wünschenswert erscheinen lassen. Wir bewegen uns allerdings auf diesen

Punkt hin, da die zunehmende Popularität von OE mithilft. Wir sehen unsere TRIAS-Schriftenreihe als Beitrag in diese Richtung. OE hat sich im Laufe der 80er Jahre markant in neue Richtungen entwickelt, was durch diverse Veränderungen in den Organisationen und in der OE selber bedingt war.

Welche grundlegenden Veränderungen sind in den 80er oder 90er Jahren passiert? Dazu mehr im nächsten Abschnitt.

2. Grundlegende Annahmen und Konzepte von OE

Wie sehen weitere grundlegende Annahmen von OE aus?

Organisationsentwicklung findet meistens unter Anleitung eines externen Beraters statt. In einigen Fällen handelt es sich auch um eine interne Maßnahme, wobei die Rolle des Beraters als Mitglied des Klientensystems schwierig ist (Heintel 1998).

Die Rolle des OE-Beraters wird aus Gestalt- und Systemsicht als eine Rolle an der Grenze beschrieben. Der Berater muß einen Unterschied zum Klientensystem machen. Diese Rolle wird von Margulies (1978) als marginale Rolle charakterisiert. In diesem Zusammenhang sind die Gestalt-Sichtweisen von Nevis (1988) erhellend, der die Rolle des Beraters unter dem Aspekt Kontakt, Präsenz und Intervention beschreibt.

Kontakt ist eine der Grundlagen des OE-Prozesses und meint die Betonung und Anerkennung der Unterschiede (im Sinne von Fritz Perls) zwischen Berater und Klientensystem. Die Organisation lernt dadurch, daß sie diese Unterschiede sieht und im Rahmen von Feedback-Prozessen hört. Bezogen auf das Modell des Organisations-Eisbergs heißt dies, daß die Aspekte unterhalb des Wasserspiegels, die der Organisation unbewußt sind, bewußt gemacht werden.

Präsenz bedeutet im Zusammenhang mit OE, daß sich der OE-Berater sowohl real als auch symbolisch seiner Rolle bewußt ist und daß er im Laufe seiner Arbeit mehr darüber erfährt, welche Übertragungen er auslöst.

Mit Intervention ist die Tatsache gemeint, daß Beratung und jegliche Form des Beraterverhaltens ein Dazwischenkommen, eine Unterbrechung von ablaufenden sozialen Prozessen darstellt. Nevis geht sogar so weit zu sagen, daß OE-Interventionen eine Zumutung und eine Störung für das Klientensystem darstellen. Auf diesem Hintergrund ist auch verständlich, daß Widerstände ein Begleitphänomen von OE-Prozessen darstellen.

Widerstand wird im Gestaltansatz der Organisationsberatung umschrieben als ein Konstrukt oder Konzept, das primär durch Personen verwendet wird, die professionell Einfluß ausüben wollen, also Manager, Führungskräfte oder Berater. Es entspricht nicht unbedingt dem subjektiven Erleben der Betroffenen (Nevis 1988). Wir würden noch weitergehen und sagen, »daß Widerstand die psychologische Folge des eigenen Vorgehens darstellt«. Widerstand begleitet alle Lern- und Veränderungsprozesse von Menschen, Gruppen oder Organisationen. Er stellt die Kehrseite von Kontakt dar und wurde durch Gordon Wheeler (1993) vom Cleveland Institute entscheidend erweitert:

> »Es ist daher sinnlos, von Kontakt zu sprechen ohne Bezug auf Widerstand und Konfluenz. Es kann kein System, keinen Organismus geben, der länger als einen Augenblick aus dem Kontakt mit der Umwelt tritt. Die eigentliche Definition von Organismus ist die Grenze im Feld« (Wheeler 1993, S. 124).

Nimmt man die älteren Gestaltkonzepte von Widerstand, so wären dies Projektion, Introjektion, Retroflektion, Egotismus (Goodman) und Deflektion (Polster/Polster 1975). Diese sind auch in den neurotischen Organisationsstrukturen, wie sie von Brown/Merry (1985) aufgelistet wurden, angeführt. Ich würde allerdings die weitverbreitete Kritik teilen, daß es sich hier um die unkritische Übertragung von im Kontext der Gestalttherapie entstandenen Konzepten auf Organisationen handelt. Die Verwechslung, die hier zugrundeliegt, ist die Gleichsetzung des Individuums mit Systemen.

Ein weiterer wichtiger Punkt zur Rolle des Beraters umfaßt die defensiven Routinen (s. o. I. Teil von G. Fatzer).

Es ist zentral für die Lernfähigkeit der Organisation, ob der Berater die defensiven Routinen der Organisation beleuchten und reflektieren kann. Allzu häufig ist es so, daß Berater zusammen mit der Klientenorganisation gemeinsame defensive Routinen aufbauen, so daß die Organisation nicht mehr lernt. Besonders drastische Beispiele hat Argyris (1993b) dargelegt; hier gingen die Organisationen mit den Beratern das unbewußte Bündnis zur Tabuisierung der defensiven Routinen ein mit dem Effekt, daß die Organisationen nicht mehr lernten.

Weitere Grundannahmen und Konzepte wurden in den verschiedenen Landkarten in der Einleitung dargelegt und finden sich auch bei den Phasenkonzepten von Entwicklung und Veränderung (s. u. Kap. *4. Phasen eines OE-Prozesses*).

Einige signifikante Veränderungen im Umfeld von Organisationen

Wenn man OE als Antwort oder als ein Set von sozialen Erfindungen ansieht, um in einem bestimmten ökonomischen, gesellschaftlichen und politischen Kontext Entwicklung und Veränderung in und zwischen Organisationen voranzutreiben, wäre zu beschreiben, was sich in diesen Kontexten seit den 60er Jahren geändert hat und wie dies das Feld von OE prägt.

Eine erste Veränderung ist die neue ökonomische Lage, die 1973 durch die Ölkrise und in den 90er Jahren durch die verschiedenen Rezessionen ausgelöst wurde wie: der Zusammenbruch der Sowjetunion, das Ende des geteilten Deutschlands (1989), der teilweise Zusammenbruch diverser Ostblockstaaten. Weitere Zäsuren stellten der Golfkrieg (1991) und Einbrüche im asiatischen Wirtschaftswunder mit den Beinahe-Bankrotten von Indonesien, Thailand und Südkorea und den Bankenzusammenbrüchen in Japan (1997/98) dar.

Dies hatte in den jeweiligen Rezessionen zur Folge, daß ganze Firmenbereiche kollabierten und daß der ökonomische Druck in den Firmen dazu führte, ganze Bereiche von Entwicklungs- und Veränderungsprogrammen zu reduzieren oder zu streichen. Der Druck auf die OE-Beraterinnen und -berater, sich in den Dienst von Effizienzsteigerung/Verschlankung/Re-Engineering/Prozeßoptimierung/Total Quality Management oder KVP (Kontinuierlicher Verbesserungs-Prozeß) zu stellen, wuchs. Die neueste Welle oder Version war »Lernende Organisation« (Senge 1996a,b; Fatzer 1997; Fatzer/Marsick 1999a), und hier selbstverständlich die »schnellstlernende Organisation«. Für dieses Jahr steht »Wissensmanagement«, »The knowledge creating company« (Nonaka, Takeuchi 1997) und die »Netzwerkorganisation« auf der Liste von Veränderungsanliegen. Sara Niese veranschaulicht diese Entwicklung trefflich (s. u. im Kap. 5. *Qualitätskriterien von Organisationsentwicklung* ihren Beitrag *Anforderungen an Berater aus interner Sicht*). Dies heißt für OE-Berater, daß sie gerüstet sein müssen, diese neuesten Konzepte zu vermitteln oder zumindest bei ihren Umsetzungsproblemen zu helfen.

Wollen wir hier »Trends zur Um-Orientierung von OE« ausmachen, so sehen diese in etwa folgendermaßen aus:

a) Veränderung von strategischer Planung zu strategischer Implementierung.

Es wurde im Verlaufe der Jahre und der Veränderungsprojekte klar, daß Planung nur einen kleinen Teil der Veränderungsprojekte ausmachte, Implementierung dagegen den größten. Die Hauptgründe für das Scheitern vieler TQM- oder Reengineering-Projekte liegen in ihrer mangelhaften Implementierung (vgl. Vansina, in: Fatzer 1996).

Die systemumfassenden TQM-Projekte vieler Firmen oder auch im sozialen Bereich (Bobzien 1997) scheitern oft an ihrer Implementierung oder mangelhaften Vernetzung.

b) Das Konzept der »Unternehmenskultur« (Schein 1985, Sackmann 1991) oder der Unternehmenswerte« wurde kaum angewendet.

Durch die wichtigen Veröffentlichungen zu »erfolgreichen Unternehmen« (Peters, Waterman 1982) und »visionären Unternehmen« (Porras 1995) wurde der zentrale Wert einer »starken« oder »nachhaltigen« Unternehmenskultur ins Blickfeld genommen. Es ist das Verdienst eines unserer Mentoren, Edgar Schein, diese Kerngröße von Veränderung und Entwicklung von Organisationen sorgfältig entwickelt zu haben (Schein 1985, 1995). Es ist heute klar geworden, daß die Veränderung der Strategie einer Organisation ohne die Veränderung der kulturellen Grundwerte und -normen kaum nachhaltige Chancen hat. Allerdings ist Ed Schein nicht müde geworden, auf die Langwierigkeit kultureller Veränderung hinzuweisen. Die berechtigte Frage stellt sich, ob sich Organisationen unter dem massiven Veränderungsdruck (mitverursacht durch »Globalisierung«) diese Zeit nehmen. Da viele Expertenberatungsfirmen in Deutschland und den USA diesen Faktor nicht berücksichtigen, ist klar, warum Organisationsveränderungen oft nicht nachhaltig sind.

c) Partizipative Vorgehensweisen im Management wurden verstärkt.

Partizipative Vorgehensweisen wurden im Management kaum implementiert, obwohl politisch häufig in diesen Begriffen gesprochen wurde. Heute ist das Gegenteil der Fall, wobei Gegentrends bereits wieder sichtbar sind. Dies ist sicher auf viele Faktoren zurückzuführen, zwei stechen hervor: Der Erfolg der japanischen Management-Ansätze, die sich in den Gedanken der Qualitätsbewegung durchsetzten, nämlich Kaizen (Imai 1994), Qualitätszirkel und Kontinuierlicher Verbesserungsprozeß.

Allerdings war die Hauptverbreitung dieser Ansätze in der Produktion wie z.B. der Automobilindustrie festzustellen. Andere Anwendungen werden erst seit kurzem geschildert (Kopp 1998).

Als zweiter Faktor ist die zunehmende Professionalisierung von Mitarbeitern zu nennen, die sich auch in vermehrten Auseinandersetzungen über Sicherheit, Standortvor- und -nachteile, Mitarbeiter als Wissens- und Know-how- Träger, Thematisierung von Streß, Burnout und Mobbing u.a.m. ausdrückt. Dies beinhaltet auch die Diskussion der Verlagerung von Arbeitsplätzen in Billiglohnländer, soziale Verantwortung von Unternehmen, Outsourcing und Sinn oder Unsinn der zur Zeit beobachtbaren Fusionswellen von Großunternehmen.

Als makroökonomischen Gegentrend könnte man den Zwang zur Globalisierung betrachten, der dazu führt, daß momentan ein irrwitziges und hektisches Fusionsgebaren von global operierenden Unternehmen zu beobachten ist: Zuerst gestartet im Banken- und Chemiebereich (Schweizerische Bankgesellschaft und Bankverein wurden zu UBS, aus Ciba Geigy und Sandoz entstand Novartis) setzt sich dies fort im Automobil- und Telekommunikationsbereich (Daimler Benz und Chrysler, ATT und TCI). Oftmals, wie im Fall der Schweizer Banken, gibt es keinen zwingenden Grund zu Fusionen (Schütz 1998), sondern es werden Managementfehler verdeckt (UBS) oder Zugänge zu Kabelnetzen gesucht (ATT und TCI). Begleitphänomen ist häufig massiver Stellenabbau mit markant steigenden Reingewinnen. Die Mitarbeiter fühlen sich als Opfer von Vorstandsentscheidungen und sind kaum einbezogen worden.

d) Konfliktlösung und Mediation werden wichtiger und fester Bestandteil der OE-Interventionen.

Interessenunterschiede werden stärker artikuliert als in den 60er Jahren, und da durch die Globalisierung und Computerisierung der Arbeitswelt die Notwendigkeit zur Zusammenarbeit größer geworden ist, steht die Vermittlung bei Interessenunterschieden stärker im Mittelpunkt. Durch das Zusammenrücken der Industrienationen werden interkulturelle Zusammenarbeit und Entwicklungsarbeit in Joint Ventures, Mergers und Acquisitions zentral (Salk, in: Fatzer 1993; Hofsteede, in: Fatzer 1993). Gleichzeitig werden die Organisationen dezentraler, große Konzerne werden aufgeteilt und durch die unterschiedlichen Märkte regionalisiert. Dies zeigt sich auch in der zunehmenden Dezentralisierung der Organisationen der Entwicklungszusammenarbeit wie GTZ (Gesellschaft für Technische Zusammenarbeit) oder Unternehmen wie ABB.

Ferner besteht die Tendenz zu flacheren Hierarchien, die vor allem in der Verwaltungsreform und in Ansätzen des New Public Management zum Tragen kommt. So müssen unterschiedliche Gruppierungen auch neue Formen des Einflußnehmens entwickeln, wie dies in der Mediation der Fall ist (Susskind 1996, Fisher and Ury 1994).

e) Die wichtigere Rolle von Führung in der Organisationsentwicklung

Im Vergleich zu den 60er Jahren wird heutzutage das Thema Führung (oder systemisch: der Steuerung) im Rahmen von Veränderungsprozessen viel stärker diskutiert (Tichy 1994; Bennis 1995, 1996; Müri 1992). Es wird deutlich, daß Führungskräfte vielfach die Rolle von Coaches in Veränderungsprozessen einnehmen. Zudem wird die Rolle der internen Berater und ihre Zusammenarbeit mit Externen sorgfältiger thematisiert (Lohmer 1996, Heintel 1998). Die ganze Diskussion um »Veränderungsmanagement« hat auch aufgezeigt, daß die Organisation die Verantwortung für Veränderung und Entwicklung nicht an Externe delegieren kann und will.

f) Das stärkere Thematisieren von Macht und Ethik

In früheren Jahren war die Haltung von Organisationsentwicklern gegenüber Macht naiv und idealistisch. Mit zunehmender Erfahrung und Einbeziehung in umfassendere Veränderungsprojekte wurde die Einschätzung dieser Faktoren realistischer. Heutzutage, wo OE eine größere Breitenwirkung entwickelt, muß sich das Feld auch mehr mit diesen Themen auseinandersetzen. Allerdings wird es dort schwierig, wo interne Organisations- oder Unternehmensentwicklung nur noch der Implementierung von Vorstandsbeschlüssen dient und so zu einer reinen Verwertungs- oder Zuarbeitungsfunktion des Systems gerinnt.

Das Thema »Ethik« andererseits wird zentral, da Unternehmen immer mehr Flexibilität bei gleichzeitig wachsender Arbeits- und Arbeitsplatzunsicherheit verlangen. Angesichts von großangelegten Fusionen wird klar, daß Politik oder jeweils nationale Interessen eines Landes oder einer Region nunmehr zweitrangig sind. Soll die Arbeitswelt nicht in amerikanische Muster mit ihrer Entloyalisierung der Mitarbeiter absinken, ist Unternehmensethik wichtiger denn je. Hier allerdings stellt sich die Frage, ob OE überhaupt die Einflußmöglichkeiten hat, diese Fragen und Dimensionen in Organisationen zum Thema zu machen. Allzu häufig erlebten wir bei kritischem Ansprechen dieser Bereiche eine hohe Unwilligkeit der Auftraggeber, diese Fragen zu thematisieren.

g) Das stärkere Thematisieren des Lernens im Rahmen der »lernenden Organisation«

Mit der Publikation der diversen Bestseller unseres Kollegen Peter Senge zu »Fünfter Disziplin« (1996) und »Fieldbook« wurde die Diskussion darüber, ob und wie Organisationen lernen, verstärkt.

»Lernende Organisation« wurde fast zu einem Synonym von OE und man sah, daß Senge in seiner Verarbeitung von Chris Argyris (Aktionslernen), Ed Schein (Kultur der lernenden Organisation) und Jay Forrester (Systemdynamik) eine kreative und bei Führungskräften anschlußfähige Verpackung einer alten Botschaft von OE gelungen war, nämlich die, daß Sinn und Ziel von Systemen - unter vielen anderen - ihre Fähigkeit zu lernen sei. Bereits jetzt läuft dieses Etikett Gefahr, als neuste Modewelle abzuklingen und dem Wissensmanagement als nächster Trendwelle zu weichen . Es stellt sich berechtigterweise die Frage, ob die lernende Organisation nun Mythos oder Realität sei (Fatzer 1997).

Allerdings muß man anmerken, daß es viele überzeugende Beispiele lernender Organisationen gibt (Marsick 1997, Fatzer/Marsick 1999a), die noch wenig bekannt sind.

3. Ziele, Methoden und Veränderungsmechanismen von OE

Wir haben neben den klassischen Zielen von OE im letzten Abschnitt auch die neu dazu gekommenen Zielsetzungen und Fragestellungen aufgezeigt. Generell gelten immer noch die klassischen Ziele, Methoden und Veränderungsmechanismen, wie sie in den nachfolgenden drei Abbildungen zu einem Artikel der GOE dargestellt sind.

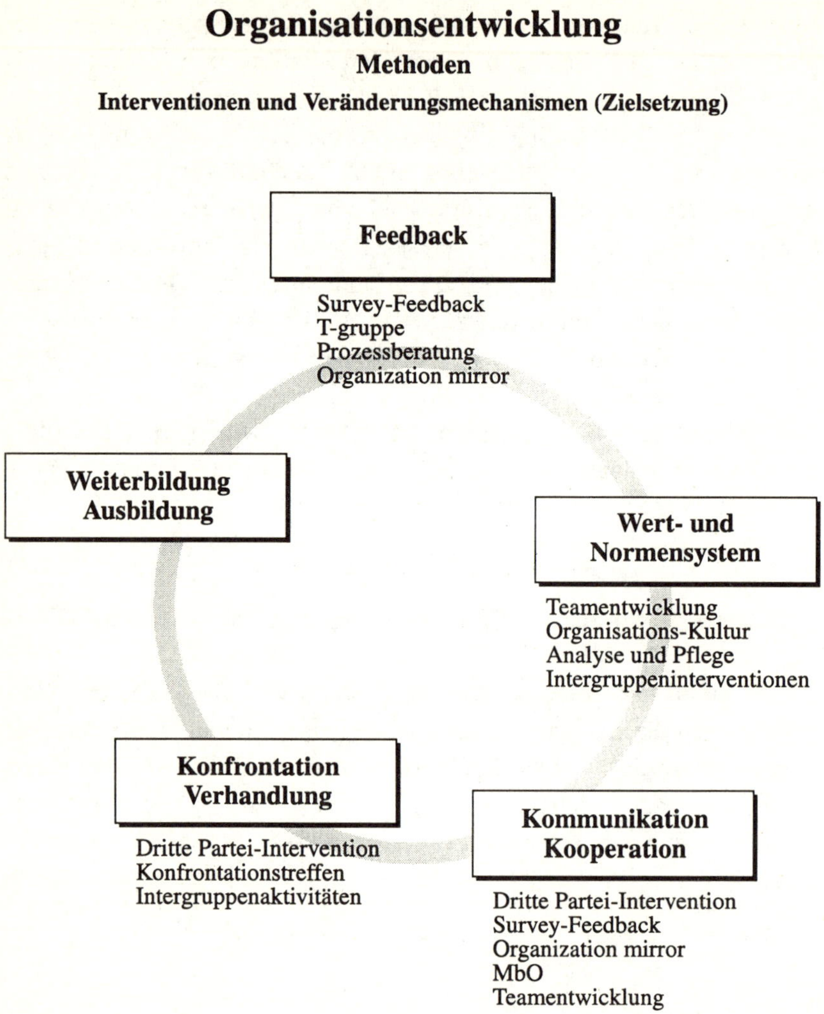

Organisationsentwicklung

Methoden

Interventionen und Veränderungsmechanismen (Zielsetzung)

Feedback

Survey-Feedback
T-gruppe
Prozessberatung
Organization mirror

**Weiterbildung
Ausbildung**

**Wert- und
Normensystem**

Teamentwicklung
Organisations-Kultur
Analyse und Pflege
Intergruppeninterventionen

**Konfrontation
Verhandlung**

Dritte Partei-Intervention
Konfrontationstreffen
Intergruppenaktivitäten

**Kommunikation
Kooperation**

Dritte Partei-Intervention
Survey-Feedback
Organization mirror
MbO
Teamentwicklung

Abb. 1: Organisationsentwicklung - Methoden:
Interventionen und Veränderungsmechanismen (Zielsetzung)
© G. Fatzer 1998

Organisationsentwicklung
Methoden

Einzelpersonen

Rollenberatung/-Coaching
Sensitivity
Einzel-Supervision
Karriereplanung
Ausbildung

Gesamt-Organisation

Konfrontationsmeeting
Sensing-Gruppen
Survey-Feedback
Qualitätszirkel
Projekt-Organisation
Grossgruppeninterventionen

Dyade / Triade

Prozessberatung
Mediation
Kommunikation
Kooperation
Coaching

Intergruppen

Prozessberatung
Neutraler Dritter Int.
Survey Feedback
Feedback (»Org. mirror«)
Strukturell: Projekt-
Organisation

Gruppe / Team

Teamentwicklung
Prozessberatung
Rollenklärung
Rollenverhandlung
Teamsupervision

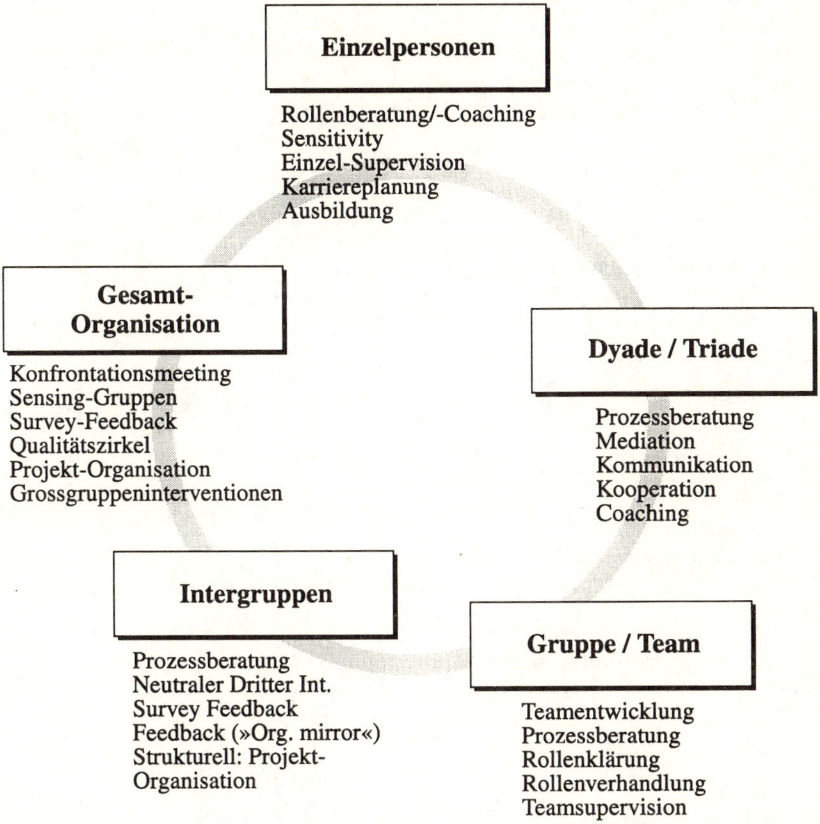

Abb. 2: Organisationsentwicklung - Methoden
© G. Fatzer 1998

Organisationsentwicklung
Prinzipien und Grundsätze

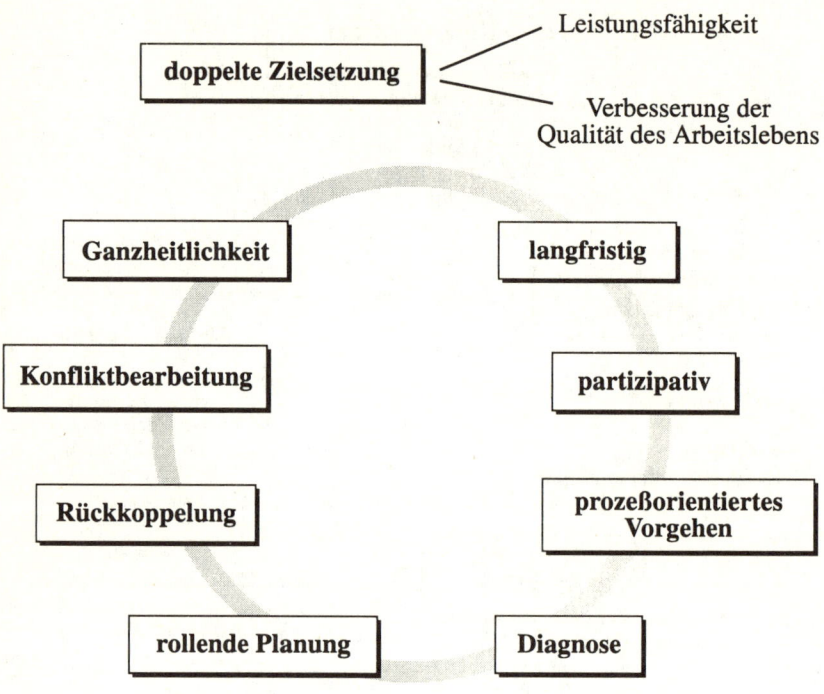

Abb. 3: Organisationsentwicklung - Prinzipien und Grundsätze
© G. Fatzer 1998

Neu hinzugekommen sind generell systemische Methoden der OE (König 1997) und Interventionen im Großgruppenbereich, da vor allem Groß-Organisationen an die Grenzen ihrer Lernfähigkeit gestoßen sind. Dachte in den 60er Jahren die OE primär an Veränderung von Organisationen über die Veränderung von Individuen oder Gruppen/Teams, so ist dieser Aspekt zwar immer noch wichtig, wie die Popularität von Coaching (Looss 1997, i.d.Buch) und Teamentwicklung zeigt, aber es ist klar geworden, daß wir mehr darüber verstehen sollten, wie Systeme oder Organisationen lernen. Hier ist der ganze Ansatz oder das »mentale Modell« der lernenden Organisation wichtig (Senge und Marsick, Argyris).

Im Bereich von Interventionen oder Veränderungsmechanismen gewinnen Großgruppeninterventionen immer mehr an Bedeutung. Dieser ganze Bereich wurde historisch durch Ron und Gordon Lippitt, zwei der genialsten Schüler von Lewin, im Rahmen des NTL in Bethel entwickelt (vgl. Bunker/Alban 1997). Hier zeigt sich auch, daß die wichtigsten Ansätze wie Zukunftskonferenz (Weisbord 1992), Search Conference (Emery 1996) und Real Time Strategic Change (Dannemiller 1992, 1996) eminent politische Ansätze der OE sind. Sieht man das Engagement dieser Begründer im »Community«-Bereich, so stellt sich schnell die Frage nach der generellen Übertragbarkeit auf Firmen, Schulen, Verwaltungen, Entwicklungsorganisationen oder Spitäler.

4. Phasen eines OE-Prozesses

In der Literatur zur Organisationsentwicklung existieren eine Vielzahl von Phasenmodellen der Entwicklung und Veränderung von Organisationen. Entspricht das Entwicklungsmodell zu Beginn einer Organisation, in ihrer Pionierphase, noch dem Entwicklungsmodell einer Gruppe oder eines Teams, so sehen die Entwicklungsmodelle von differenzierten Organisationen etwas anders aus. Diese Landkarten der Organisation bestimmen dann, welche Phasenmodelle von OE verwendet werden (vgl. Bilder der Organisation, Teil I i. d. Buch).

Als erstes haben wir in der Einleitung bereits die Veränderungskurve vorgestellt, der hier vier unterschiedliche Phasenmodelle von OE folgen sollen:

- Das klassische Phasenmodell von Kurt Lewin, das er bereits in den 40er Jahren entwickelte
- Das darauf aufbauende, aber mehr auf Interventionen bezogene Phasenmodell seiner Schüler Lippitt und Lippitt
- Ein eher klassisches Modell des deutschen Sozialwissenschaftlers Gebert
- Das anthroposophische Modell des Niederländischen Pädagogischen Instituts von Glasl/de la Houssaye

Lewin (1963)	Lippitt et al. (1958)	Gebert (1974)	Glasl/de la Houssaye (1975)
1. Auflösung (unfreezing) »Auftauen«	1. Entwicklung eines Bedürfnisses nach Veränderung	1. Orientierung am Ist-Zustand	1. Orientierungsphase
2. Änderungsprozeß (move) »Verändern«	2. Herstellung einer Beziehung CA/Ks	2. Integration der Organisationsmitglieder	2. Zukunftskonzeption und Situationsdiagnose
3. Stabilisierung und Generalisierung »Einfrieren«	3. Arbeiten für Wandel: Identifikation des Ziels	3. Konkretisierung und Differenzierung der Maßnahmen	3. Operationelle Ziele und operationelle Analysen
	4. Alternativen werden geprüft	4. Unterstützung durch höhere Führungsebene	4. Planen von experimentellen Projekten und Vorbereiten von experimentellen Situationen
	5. Wandlungsbemühungen erprobt	5. Extensität/Intensität der Maßnahmen	
	6. Der Wandel wird stabilisiert und generalisiert	6. Wahl des Zeitpunkts	
	7. Beziehung CA/KS wird beendet oder neue Beziehung formuliert	7. Stabilisierung der Maßnahmen	

Abb. 4: Verschiedene Phasenmodelle von Organisationsentwicklung
© G. Fatzer 1998

Je nach Phasenmodell stehen unterschiedliche Grundmodelle und Grundannahmen von Veränderung und Entwicklung im Vordergrund. Im Zentrum von Lewins Modell steht die Grundannahme über menschliche Systeme, daß nämlich Veränderung mit Verflüssigung und Stabilisierung zu tun hat, etwas, was vor allem in früheren Zeiten der Organisationsentwicklung vergessen wurde.

Es fällt bei vielen OE- Ansätzen auf, daß die Berater sehr weitreichende Vorstellungen von Verflüssigung und Destabilisierung haben, aber oft nicht fähig sind, Strukturen zur Wiederstabilisierung zu schaffen. Bei klassischen Expertenberatungsfirmen wie Mc Kinsey und ähnlichen läßt sich feststellen, daß sie kaum eine Ahnung haben, wie die weiche oder prozessuale Seite von Veränderung aussehen kann. Dies ist auch einer der Gründe, warum viele Umstrukturierungen, Reengineering- oder TQM-Projekte jämmerlich Schiffbruch erlitten oder warum sich die Expertenberater nach dem Produzieren eines Maßnahmen- oder Empfehlungsplans von der Kundenfront zurückziehen, ohne die leiseste Idee einer Umsetzung zu haben. Die harte und sehr berechtigte Kritik von Vansina (in: Fatzer 1996) illustriert dies.

Im Modell von Lippitt wird der begleitende oder leitende Aspekt durch den Berater in einem Veränderungsprozeß hervorgehoben, eine Grundannahme, die plausibel wird, wenn man die Großgruppen-und Community-Arbeit von Lippitt in seiner Pionierarbeit mit Bethel und NTL kennt.

Das Phasenmodell von Gebert betont die Grundannahmen, daß Veränderungen von der Analyse des Ist-Zustandes ausgehen, daß möglichst viele Organisationsmitglieder in einen Veränderungsprozeß integriert werden sollten, daß Maßnahmen oder Aktionen sehr konkret ausfallen sollten, durch höhere Führungskräfte unterstützt werden müßten sowie zu einem guten Zeitpunkt ausgewählt und am Schluß stabilisiert werden sollten.

Das Phasenmodell von Glasl geht davon aus, daß Entwicklung aus einem Orientierungsbedarf entsteht, eine Gegenwarts- und Zukunftsdimension umfaßt, über Ziele und daraus abgeleitete Analysen abläuft, in experimentellen Projekten ausprobiert und am Schluß ausgewertet wird. Wichtig ist es zu zeigen, daß Phasenmodelle sowohl der Orientierung der Berater als auch der der Betroffenen dienen sollten. Sie zeigen - wie bei der Veränderungskurve - auch die emotionalen Aspekte von Veränderung und Entwicklung auf.

Die komplementäre Seite der Phasenmodelle von OE sind Krisenmodelle der OE. Krisen sind nach unserem Verständnis von Entwicklung die Dreh- und Entscheidungspunkte der Entwicklung von Organisationen. Hier schließt sich auch der Kreis zur lernenden Organisation, weil Organisationen dadurch lernen, daß sie Krisen meistern oder aus den Mißerfolgen die richtigen Schlüsse ziehen.

Dadurch, daß bei Organisationsentwicklung sehr viel Verunsicherung oder sogar Krisen entstehen können, ist die Frage nach der Qualität der OE zentral, die Frage, was einen guten von einem schlechten Berater unterscheidet und wie sich Auftraggeber oder Kunden gut unterstützen lassen können.

5. Qualitätskriterien von Organisationsentwicklung

Organisationsentwicklung (OE) entsteht - wie Supervision und Coaching - als gemeinsamer Lern- und Entwicklungsprozeß zwischen Berater (-system) und Auftraggeber (-system).

Im Gegensatz zur Qualität von Produkten, die durch ISO-Normen zu überprüfen sind, entsteht Qualität bei Dienstleistungen nur durch gemeinsame Setzung von Standards, die auch gemeinsam zu überprüfen sind.

»Qualität ist ein politischer Begriff, den jede Organisation mit Blick auf ihr spezifisches Umfeld und für jeden Arbeitsbereich unterschiedlich zu definieren hat« (s. o. III. Teil von W. Looss).

Die Schlußfolgerung lautet, daß die Qualitätskriterien für Produkte nicht auf die Dienstleistung Beratung übertragen werden können.

Hierin liegt auch die Motivation für uns, dieses Buch zu schreiben. Wir möchten damit dem Kunden oder Auftraggeber die Gelegenheit geben, sich qualifiziert über Supervision, Coaching und OE zu informieren, damit gemeinsam über die Angemessenheit der jeweiligen Dienstleistung entschieden werden kann.

Es geht hier darum, daß Kunden und Berater besser ins Gespräch kommen, um eine möglichst hohe Dienstleistungsqualität zu erreichen.

Qualitätsstandards müssen also zu Beginn eines Prozesses gesetzt werden, als Teil des Vertrags, und im Laufe des OE-Prozesses laufend ergänzt werden. Das Setzen von Qualitäts- oder Bewertungskriterien stellt selber eine Intervention (im Sinne der Aktionsforschung) dar und sollte damit auch den Zielsetzungen von OE genügen.

»Professionelles Qualitätsmanagement für OE-Beratung unterscheidet sich in zweifacher Weise von Qualitätsmanagement in anderen Bereichen:

1. dem besonderen professionellen Inhalt und Profil der Leistungsprozesse und

2. entscheidend: Jeder Einsatz von Qualitätsmanagement, eines Instrumentes oder Erklärungsmodells, ist selbst eine Intervention im Beratungsprozeß, die im Rahmen von Zielen, Hypothesen und Methoden von OE gerechtfertigt werden soll« (GOE Südwest 1998).

Das Setzen von gemeinsamen Qualitätskriterien bedeutet auch die Übernahme der gemeinsamen Verantwortung (Kunde-Berater) für die Steuerung des Organisationsentwicklungsprozesses.

»Qualitätsmanagement ist aus der Sicht des Kunden-Berater-Systems die Führung eines Lernprozesses, in dem sich zwei Sichtweisen begegnen:

a) die erlebte Qualität der Beratung, die beim Kunden ankommt und

b) die professionelle Qualifikation des Beraters im Sinne des 'State of the art' bzw. ihrem spezifischen professionellen Selbstverständnis.

Ziel eines systematischen Qualitätsmanagements für Berater ist einerseits, das Vertrauen von Kunden in verläßliche Qualität der Beratung zu stärken, und die Professionalisierung der Beratungsperson systematisch voranzubringen« (GOE Südwest 1998).

»Qualitätsmanagement von OE ist das Management von Prozessen, in denen Berater zusammen mit ihren Kunden lernen,

- ein gemeinsames Verständnis und Anforderung an Qualität als integralen Bestandteil von OE festzustellen und prozeßbegleitend weiterzuentwickeln ('double loop learning')

- die Wissens- und Erfahrungsbasis der Realisierung von Leitbildern der Effizienz und Humanität in konkreten organisatorischen Gestalten als 'lernen wie wir lernen' systematisch zu erweitern« (GOE Südwest »Qualitätsmanagement von OE-Beratung« 1998).

Bei den Erfolgskriterien von Beratung halten wir uns an Rappe-Giesecke (s. o. II. Teil) und übernehmen die klassischen Qualitätsmerkmale für die OE, nämlich

• Strukturqualität
• Prozeßqualität
• Ergebnisqualität.

Alle Kriterien sind gemeinsam im Rahmen des OE-Prozesses festzulegen und nachher als Grundlage für eine Qualitätsbeurteilung der Veränderungsprozesse einzusetzen.

Unter Strukturqualität versteht man die Ausgestaltung der Rahmenbedingungen, der materiellen und personellen Ressourcen und der Strukturen der Organisation. Es sind alle Regelungen, die im üblichen Dreieckskontrakt mit Kontaktklient und Auftraggeber zu regeln sind: Bezahlung, zeitliche Ressourcen, Vernetzung der Beratung innerhalb der Organisation, Zugang zu Informationen und Personen, Ausmaß der Autonomie des beratenen Systems, die Frage, ob OE in ein strategisches Konzept eingebunden ist oder freischwebend arbeitet, Regelung der Zusammenarbeit zwischen internen und externen Beratern. Bezogen auf das Beratersystem lautet die Frage, ob es die Komplexität des Auftraggebers und des Auftrags abdecken kann.

Prozeßqualität meint die professionelle Gestaltung des Beratungsprozesses, wie er in den Phasenmodellen zugrundegelegt wird. Findet nach jeder Phase eine Ergebnissicherung statt? Wie sieht diese aus?

Die permanente Selbstreflexion des Beratungssystems im Rahmen von Schattenberatung oder kollegialer Reflexionsgruppen ist wichtiges Qualitätsmerkmal guter Beratung und generell aller selbstreferentiell arbeitenden Systeme. Wie geht man mit Spiegelungsphänomenen um? Was bedeuten Abweichungen? Wie wird der Kontrakt weitergeführt? Wann finden Änderungen im Sinne von »Recontracting« statt?

Ergebnisqualität meint das regelmäßige Durchführen von Zwischenauswertung und einer abschließenden Schlußauswertung auf der methodischen Basis von Prozeß-, Produkt- und Kontextevaluation (Fatzer 1980; Fatzer 1996, dort ausführlich im Beitrag »Erfolgsforschung von Supervision und OE«). Wichtig ist hier auch die Aussage von Rappe-Giesecke (s. o. im II. Teil), daß »letztlich nur die Systeme selbst bestimmen können, was Erfolg ist und was nicht«. Wir übernehmen hier voll und ganz ihre Darstellung und übertragen sie auf OE.

- Sicht- und meßbare Veränderungen im Verhalten der Teilnehmer eines OE-Prozesses
- Veränderungen in ihren Haltungen und Einstellungen
- Weiterentwicklung ihrer Schlüsselkompetenzen

Der Gradmesser für diesen Ist-Soll-Vergleich sind die zu Beginn formulierten Zielsetzungen des OE-Prozesses. Wir verweisen hier auf die konkreten Fragen zu den verschiedenen Bereichen (s. o. II. Teil von K. Rappe-Giesecke).

Bei den Schlüsselkompetenzen sehen wir ebenfalls die drei Kompetenzbereiche der

- Methodenkompetenz
- Sozialkompetenz
- Selbstkompetenz

Es zählt hier natürlich auch das subjektive Gefühl der Teilnehmer eines OE-Prozesses, ob sich ihre Zufriedenheit mit dem Ergebnis des Prozesses verändert hat. Follow-up-Interventionen können hier auch Aufschluß ergeben.

Wir haben im TRIAS-Kompaß 1 (Fatzer 1996) ausführlich Erfolgsfaktoren ausgeführt und möchten darauf verweisen. Speziell herausgreifen möchten wir als durchgehendes Qualitätskriterium, das bis jetzt noch wenig beschrieben ist, die Qualitätsmerkmale von OrganisationsberaterInnen, die Sie als Kunde und Auftraggeber als Soll-Vorgabe bei der Suche nach einem geeigneten Begleiter Ihrer Veränderungsprozesse übernehmen können.

Merkmale und Qualitätskriterien von guten Organisations-Beratern

Qualitätsentscheidungen über »gute« oder »schlechte« Organisationsberater enthalten neben Beschreibungen von Kompetenzen und Fähigkeiten auch eine politische und kulturelle Dimension, nämlich die Frage: Paßt dieser Berater zu unserer Organisation, was erwarten wir von Beratung? Welche Rolle sollte ein Berater spielen, welche Prozesse in Gang setzen? Wir haben verschiedentlich betont, daß Organisationsentwicklung genauso wie Coaching und Supervision eine sehr personenbezogene Dienstleistung ist.

Aus diesem Grunde stellen wir zuerst eine Liste von Eigenschaften von guten Beratern vor, die als idealtypische Beschreibung aus dem Gestaltansatz (Nevis 1988) stammen und Grundlage für unsere Weiterbildungen in Supervision, Coaching und OE bilden.

Beraterkenntnisse und -fähigkeiten

Ausgangspunkt ist ein systemumfassendes und ganzheitliches Verständnis von Organisationsentwicklung. Breites Wissen, vielfältige Fähigkeiten und interdisziplinäre sowie mehrdimensionale Orientierung sind deshalb notwendig.

Kenntnisse

1. Gründliche Kenntnisse der Verhaltenswissenschaften, bezogen auf Personen, Gruppen und Organisationen aus den Sozialwissenschaften, der Psychologie, der Betriebswirtschaft, der Politologie usw. (Kommunikation, Konflikte, Interaktionen, Rollen, Kooperation, Hierarchie und Macht).
2. Gründliche Kenntnisse von Ansätzen und Theorien der Führung und Leitung von Organisationen; Theorien, Methoden und Praktiken organisatorischer Systeme: Methoden der komplexen Planung, der Steuerung und Planung von Projekten, der Analyse von Problemen, der Entscheidungsfindungsanalyse, der Kreativitätstechniken, der Prioritätensetzung, der Organisationsanalyse.
3. Gründliche Kenntnisse von Lern- und Trainingsmethoden für Einzelne, Gruppen und Organisationen: Motivation, Aktivierung, Person - Thema - Gruppe, Gesprächsführung und Moderation, Steuerung von Lerngruppen, Vermittlung und Transfer.

4. Verständnis der Entwicklungsphasen von Individuen, Gruppen, Organisationen, Gemeinschaften und das Funktionieren sozialer Systeme in verschiedenen Stadien.

5. Das Wissen um Planung und Förderung von Lern- bzw. Veränderungsprozessen: Kontakt bzw. Kontrakt, Diagnose, Planung, Aktion/Intervention, Abschluß und Auswertung.

6. Kenntnis und Verständnis des menschlichen Wesens, seiner Einstellungen, Entwicklungen und Veränderungen (z.B. Systemtheorie, Psychoanalyse, Gestalt, Psychodrama, Körpertherapien, Transaktionsanalyse, TZI...).

7. Selbsterkenntnis hinsichtlich der eigenen Motivation, Stärken, Schwächen, Neigungen, und »blinden Flecken«, der missionarischen Seite, der Wertewelt, der heimlichen und offenen Lehr- und Lerngebäude und deren Auswirkungen auf die Zwischenmenschlichkeit und Beziehungsgestaltung. Selbstkenntnis hinsichtlich der sozialen, methodischen und fachlichen Kompetenz.

Fähigkeiten

1. Kommunikationsfähigkeiten: Zuhören, Beobachten, Identifizieren und Berichten.

2. Lehr- und Überzeugungsfähigkeiten: Neue Gedanken und Einsichten effektiv zu vermitteln und Lernerfahrungen zu planen, die zur Entwicklung und Veränderung beitragen.

3. Beraterische Fähigkeiten: Den Beteiligten zu helfen, sich selbst zu aktivieren, aus eigener Kraft Problemlösungen und Konfliktregelungen zu lernen und als Bestandteil von Organisationen zu erfahren.

4. Fähigkeit, auf Vertrauen basierende Beziehungen herzustellen und mit einer Vielzahl von Personen unterschiedlicher Herkunft und Persönlichkeit zusammenzuarbeiten. Sensibilität gegenüber Gefühlen anderer.

5. Fähigkeit, bei der Planung und Durchführung von Veränderungen in Gruppen und Teams zu arbeiten und gruppendynamische sowie

gruppenpädagogische Techniken und Labortrainingsmethoden anzuwenden.

6. Fähigkeit, sich vielfältiger Interventionsmethoden hinsichtlich der Analyse, Diagnose, Konzeption, Durchführung und Kontrolle zu bedienen, sich zu entscheiden, welche Intervention zu einem bestimmten Zeitpunkt am geeignetesten ist, die passenden Interventionsmethoden hinsichtlich Einzelnen, Gruppen und Organisationen auszuwählen und anzuwenden.

7. Fähigkeit, statistische Erhebungen, Interviews und andere Datensammlungsmethoden zu entwerfen.

8. Fähigkeit, bei einem Klienten (Einzelperson, Team, Projekt, Organisation...) Probleme zu diagnostizieren, Hilfs-, Energie- und Einflußquellen zu diagnostizieren, Werte, Kultur zu verstehen und über die Bereitschaft zum Wandel zu entscheiden.

9. Fähigkeit, bei der Auseinandersetzung mit allen Arten von Situationen flexibel zu sein.

10. Fähigkeit, Probleme zu erkennen, Problemlösungskenntnisse zu initiieren, zu begleiten und zu steuern.

Einstellungen

1. Kompetenz, Integrität, Verantwortungsbewußtsein und Verantwortungsgefühl dafür, daß Klienten mit ihren Problemen fertig werden.

2. Reife; Selbstvertrauen; Mut, zur eigenen Meinung zu stehen; Bereitschaft, die nötigen Risiken einzugehen; die Fähigkeit, mit Ablehnung, Feindseligkeit und Mißtrauen fertig zu werden.

3. Aufgeschlossenheit, Ehrlichkeit, Intelligenz.

4. Besitz eines humanistischen Wertesystems:
   Glaube an die Bedeutung des Individuums (Mensch als Mittelpunkt, nicht: Mensch als Mittel),
   Glaube an Technologie und Effizienz als Mittel und nicht als Ziel;
   Vertrauen in Menschen und in den demokratischen Prozeß wirtschaftlicher Aktivitäten.

Wenn Sie als Berater oder Auftraggeber diese Liste betrachten und sie durch die entsprechenden Qualitätsbeschreibungen zum Supervisor (s. o. II. Teil von K. Rappe-Giesecke) und Coach (s. o. III. Teil von W. Looss) ergänzen, stellen Sie sich vielleicht die Frage, ob überhaupt jemand dies alles erfüllen kann. Weiter oben haben wir festgestellt, daß dies die eine Seite des Aushandelns darstellt, nämlich die Seite der »Professionellen Gemeinschaft« (*professional community*) der Organisationsentwicklung. Die andere Seite sind die Vorstellungen der Auftraggeber oder Kunden. Wir möchten hier einen kleinen Einblick in das Anforderungsprofil von Beratern auf Seiten der Firmen geben.

Aus der Firma Daimler-Benz:

»Rolle:
Wahrnehmung einer definierten Beraterrolle, die die Zielsetzungen des Unternehmens zur Grundlage hat. Unterstützung der Auftraggeber z.B. in der Analyse von Problemsituationen, der Erarbeitung von Prozeßvorschlägen und deren Umsetzung.

Fachkompetenz:
• Wünschenswert wären Ausbildungen und vertiefte Kenntnisse in einigen der folgenden Felder:
Gruppendynamik, systemische Organisationsberatung.

Visionäre Kompetenz:
• berät zukunftsgerichtet und visionär, berücksichtigt die Einflüsse des Gesamtsystems (Vernetztes Denken)
• denkt und handelt in offenen Systemen
• aktiviert die vorhandenen Ressourcen in Personen und Systemen

Veränderungskompetenz:
- verfügt über ausgeprägten Spürsinn für bevorstehende Entwicklungen, insbesondere für die Prognostizierung von 'Megatrends'
- Lernfähigkeit und Lernbereitschaft

Soziale und interkulturelle Kompetenz:
- Umgang mit sozialen Situationen
- Selbstreflexion
- Urteilsfähigkeit
- glaubwürdig und tolerant« (Götz, in: S. Bolender 1998, S. 114).

Die übrigen Profile aus dem Buch von Bolender zeigen, daß die meisten Unternehmen entweder auf Auswahlkriterien setzen, wie sie in unserem Anforderungsprofil für den guten Berater (Abschnitt 3) stehen, oder sonst eher unspezifisch und wenig operational sind.

Eine Ausnahme stellt ein unveröffentlichtes »Working Paper« mit dem Titel „Anforderungen an Berater aus interner Sicht" (1998; Autoren: Sara Niese et al.) dar.
Hier können Berater sehen, welche Anforderungsprofile an interne und externe BeraterInnen gestellt werden. Dies dient als Orientierungsrahmen und Ausgangspunkt, um sich ein eigenes Profil zu erstellen. Als Ausgangspunkte für den zunehmenden Bedarf an Beratung werden genannt:

»1. Ein zunehmend turbulentes Umfeld stellt Unternehmen immer schneller vor immer neue Herausforderungen und führt zur vermehrten Inanspruchnahme von Beratung.
Beratung ist weltweit rapide im Wachsen begriffen. Dies bezieht sich sowohl auf Unternehmen, deren zentraler Unternehmenszweck Managementberatung ist, als auch auf bera-

tende Universitätsprofessoren, Trainingsfirmen, Personalberater oder große Outsourcingunternehmen und die Beratungseinheiten innerhalb von Unternehmen.« (a. a. O., S. 2) ·

Gründe von seiten der Unternehmen sind:
• Technologie
• Globalisierung
• Deregulierung
• Rekonfiguration von Schlüsselindustrien
• Netzwerkorganisation
• Wandel selbst wird zum zentralen Beratungsthema
Entsprechend ist es schwierig, sich als OE-BeraterIn nur auf weiche Prozeßberatung oder harte Expertenberatung zu konzentrieren. Weiche Beratung hat aus der Sicht von Unternehmen folgende Nachteile:
• Einseitiger Fokus auf „weiche" Themen
• Fehlende eigene Business-Kompetenz
• Zu hoher Ressourceneinsatz seitens des Klienten
• Amorphe Value-Proposition
Entsprechend wäre eine Konzentration auf reine Prozeßberatung nicht angemessen. Berater müssen entsprechend diverse Perspektiven ins Auge fassen, um ein sinnvolles Angebot für Firmen zu formulieren (a. a. O., S. 11).
• Die Erarbeitung eines eingehenden Verständnisses des Marktes und seiner Bedürfnisse
• Die Erarbeitung eines differenzierten Verständnisses verschiedener Modelle des Beratungsprozesses und möglicher attraktiver Rollen für Beratung
• Die Erarbeitung eines eingehenden Verständnisses über die eigenen existierenden und wünschenswerten Kompetenzen
• Die Erarbeitung eines eingehenden Verständnisses über die Mitbewerber
• Die Entwicklung eines strategisch sinnvollen Kompetenzportfolios

• Die Entwicklung einer integrierten Beratungsarchitektur unter Einbeziehung relevanter Akteure

Als Organisationsberater muß man sich natürlich überlegen, ob man
solchen Kriterien der »Instrumentalisierung« genügen will. Es zeigt
auch klar, daß sich OE in diesem Verständnis auf eine reine Imple-
mentierungsfunktion von Vorstandsbeschlüssen reduziert, wie dies
die Leiterin einer Unternehmensentwicklungsabteilung eines Groß-
konzerns salopp formulierte.

Einen weiteren interessanten Beitrag in diese Richtung liefert Sattelberger (in: Fatzer 1999) in seinem Beitrag »Personalentwicklung in
der Aera intellektuellen Kapitals«, wo er die beste Personal- und
Unternehmensentwicklung als »Lernprozesse mit System-Perspek-
tive« beschreibt:

> » – geschäfts- und strategiegeleitete Auswahlprozesse
> – Kompetenz- und Performance Assessments
> – Formalisierte Lernprozesse, die auf Kompetenzprofilen ba-
> sieren
> – Coaching und Mentoring im Arbeitsfeld
> – Aufgabenbezogene Lernprozesse
> – Laufbahnberatung und Karriere-Review
> – Vernetzung der Lernprozesse mit den jeweiligen organisa-
> torischen 'Familiensysteme'« (a. a. O., S. 9)

Das Ganze zeigt, daß OE heute in einen komplexen Verwertungs-
kontext eingebettet ist.

Kehren wir wieder zur Perspektive der Beraterkompetenz zurück.

Titscher (1997, S. 198) schlägt folgende Punkte zur Einschätzung der Kompetenz von Beratern vor:

1. Statt Problemlösungen vorzuschlagen, Bearbeitungswege aufzeigen
2. Rahmenqualitäten wie Gesprächsführung beim Erstkontakt und Pünktlichkeit
3. Nicht Standardpakete verkaufen, sondern maßgeschneiderte Vorgehensweisen entwickeln
4. Folgen der Beratung für den Kunden abschätzen können
5. Mehrjährige Berufstätigkeit, auch in Managementfunktion
6. Ausbildung (Diplom, Zertifikat) eines anerkannten Instituts
7. Vernetzt in der Beratungsszene, damit auf ein Netzwerk an Kollegen zurückgegriffen werden kann
8. Flexibel und undogmatisch in bezug auf Beratungsstil
9. Klar umrissenes Angebot mit Rahmenzahlen vorschlagen können

Zum Schluß dieser Liste von Kriterien möchten wir die extrem lesenswerte Beschreibung von Reddy »Prozeßberatung von Gruppen« (1997, S. 175) zitieren, um Kunden und Auftraggebern eine weitere Einschätzungsgrundlage zu vermitteln.

Was sollte ein Prozeßberater wissen und können? Es sind dies vier Hauptfähigkeiten, die im »Rad der Fähigkeiten und Kenntnisse« dargestellt sind:

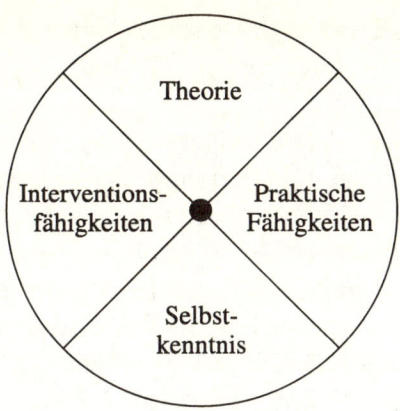

*Abb. 5: Vier Hauptfähigkeiten eines erfolgreichen Prozeßberaters
(aus: Reddy 1997, S. 175)*

»Theoretisches Wissen, praktische Fähigkeiten, Interventionsfähigkeiten und Selbstkenntnis. Die Theorie gliedert sich dabei
in Lernen, Veränderung, Gruppendynamik, Prozeßberatung
von Gruppen und Evaluation. Im Rahmen der praktischen Fähigkeiten untersuchen wir das Aushandeln von Verträgen, die
Gruppenbeobachtung, Trainingsmaßnahmen, Strukturen und
Einschätzungen. Zu den Interventionsfähigkeiten gehören der
methodische und gruppendynamische Bereich, die Selbstkenntnis umfaßt Persönlichkeitsentwicklung, Werte, Stil, das Geben
und das Nehmen von Feedback, die Bewältigung von Unterschieden, Stärken und Grenzen, Geschlecht und Intuition.«
(Reddy 1997, S. 175)

Auffällig an dieser Aufzählung ist ihre Ähnlichkeit mit den anderen
Charakterisierungen, so daß sich eine Anzahl von Kernkompetenzen
eines Organisationsberaters oder einer Organisationsberaterin heraus-
kristallisiert, die wir auch als Grundlage unserer Ausbildungen in
diesem Feld nehmen.

6. OE zwischen Coaching, Supervision und Teamentwicklung

Versucht man, die unterschiedlichen Unterstützungs- und Begleitungsmöglichkeiten bei Veränderungs- und Entwicklungsprozessen von Einzelpersonen, Gruppen, Teams und ganzen Organisationseinheiten, wie sie in diesem Buch vorgestellt worden sind, zu unterscheiden, so ergeben sich primär Differenzierungen in den Zielsetzungen der diversen Verfahren oder Programme, in ihrer historischen Herkunft, in der Unterschiedlichkeit der Interventionsmethoden und in der Unterschiedlichkeit der Zielgruppen, an die sie sich wenden. Wir möchten hier nicht einer Wiederholung verfallen, sondern verweisen auf die entsprechenden Stellen in den Beiträgen von Kornelia Rappe-Giesecke (Teil II) und Wolfgang Looss (Teil III).

Coaching entstand historisch im Bereich Begleitung oder Umsetzungskontrolle (Qualitätskontrolle im heutigen Sprachgebrauch) bei klar umschriebenen Rollen- oder Funktionsträgern. Der Ausdruck »Einzelberatung«, der von Looss im Rahmen notwendiger semantischer Aufräumarbeiten angeboten wird, macht Sinn, rückt aber das Coachingverfahren wieder mehr in die Nähe der klassischen Supervision. Die Erweiterung von Coaching auf die Zielgruppe der »Veränderungstäter« zeigt, daß auch der Übergang zur OE wieder fließend wird.

Supervision anderseits entstand im Bereich sozialarbeiterischer Zusatzqualifizierung und wurde durch die Balintarbeit auch um den medizinischen Bereich ergänzt.
Die Zielsetzungen von Supervision sind sozialaufklärerischer Natur und stoßen deshalb bei Wirtschaftskunden häufig auf Unverständnis. Anderseits ist die Annahme, daß Supervision Beziehungsarbeit darstelle, während Coaching und OE eher strukturelle Bestandteile und

Ziele haben, unzutreffend. Dies erschwert auch den Dialog zwischen Supervisoren und Personalentwicklungsmitarbeitern oder -auftraggebern in Wirtschaftsorganisationen (vgl. Sonderband der Zeitschrift »Supervision« zu »Supervision als Beitrag von PE«, oder Diebäcker, in: Fatzer 1996).

Zu den verschiedenen Formen von Supervision verweisen wir auf den entsprechenden Aufsatz in diesem Buch (s. o. II. Teil von K. Rappe-Giesecke). Supervision ist allerdings im Nachteil, wo es um Feld- oder Erfahrungskompetenz insbesondere im Wirtschaftsbereich geht (s. o. S. 165f.). Das merken im Moment auch die meisten klassischen Supervisoren, die einen Umstieg oder einen Anschluß an diesen Bereich kaum schaffen. Die Dach-und Berufsorganisationen bemühen sich zwar im Moment mit großer Energie darum, geben allerdings auch langsam zu, daß diese Zielsetzungen illusorisch sind. Darüber kann auch keine schnell angehängte Zusatzqualifikation in OE hinwegtäuschen. Auch die Umbenennung eines Berufsverbandes in »Supervision und OE« erweist der Profession eher einen Bärendienst, da die Kunden ja merken, daß dieser Teil der Beraterqualifikation nicht vorhanden ist.

Teamentwicklung schließlich ist ein klassischer Bestandteil von OE und hebt sich entsprechend von Teamsupervision ab. In einem interessanten Themenband der Zeitschrift »Supervision« (4/96) wurde der Frage nachgegangen, inwieweit die Verwendung des Ausdrucks »Teamsupervision« in Abgrenzung zu Team- und Organisationsentwicklung noch sinnvoll ist. Es wurde der bedenkenswerte Vorschlag gemacht, Teamsupervision in der ursprünglichen Form nicht mehr zu verwenden, da es als Verfahren zu diffus geworden sei. Teamentwicklung anderseits ist als immer wichtiger werdender methodischer Bestandteil von OE massiv im Wachstum begriffen und als Bezeichnung weiterhin sehr sinnvoll.

7. Anwendungsfelder und Grenzen von OE

Die Anwendungsfelder von OE sind sehr vielfältig geworden, da immer mehr Organisationen die Notwendigkeit sehen, sich im Rahmen von turbulenten Entwicklungen, denen sie ausgesetzt sind, begleiten zu lassen. Wir haben im ersten Teil auf diese verschiedenen Anlässe zur Veränderung und auch auf die Weiterentwicklungen von OE hingewiesen.

Anwendungsfelder sind Schule und Schulentwicklung (Fatzer 1998 b und e), Gesundheitswesen (Borsi 1996, Grossmann 1997), Verwaltung und Verwaltungsreform, Non-Profit-Organisationen (Schwarz 1994), Entwicklungsorganisationen (Sülzer, Zimmermann 1997) und andere mehr. Ein Ende ist nicht absehbar.

Die Grenzen von OE lassen sich ähnlich bestimmen wie bei Supervision und Coaching.

OE ersetzt grundsätzlich keine fachliche Fortbildung beispielsweise im Bereich Führung oder Projektmanagement.

OE ersetzt keine Selbsterfahrung und Therapie. Sie kann zwar zu intensiver rollenbezogener Selbsterfahrung führen, ist aber nicht dasselbe. Grundsätzlich können Coaching oder Supervision besser indiziert sein. Dies bedingt auch, daß an OE-Prozessen nur Menschen mit stabilen psychischen Selbstregulierungsfähigkeiten teilnehmen können.

OE kann auch nicht die Verantwortung für das inhaltliche oder fachliche Handeln der Klienten übernehmen. Dies ist bei Prozeßberatung grundsätzlich der Fall, kann manchmal bei Expertenberatung intendiert sein. Lernen und Problemlösungsfähigkeit sind die Ziele.

OE übernimmt im Normalfall keine Management-Ersatzfunktion, obwohl dies häufig der geheime Anlaß für OE ist. Bei Expertenberatungsansätzen kann es allerdings vorkommen, daß z.B. Leitungsfunktion in Turn-around-Situationen ausgeübt wird. Hier ist immer die Frage zu stellen, ob es sich noch um OE handelt, was bei Expertenberatungsfirmen wie Mc Kinsey, A.D. Little u.a. klar verneint werden muß, auch wenn dieses Etikett verwendet wird.

OE ist kein Machtinstrument, das den Auftraggebern hilft, sich besser durchzusetzen. Solche Motive stellen zwar meistens die Anlässe für OE dar, Macht ist allerdings ein ungeeigneter Mechanismus, um nachhaltige Entwicklung einer Organisation zu ermöglichen.

OE ersetzt nicht eine sinnvolle Personalentwicklung, kann allerdings eine gute Ergänzung sein. Sattelberger (1996) hat verschiedentlich sehr plausible Kombinationen aufgezeigt.

OE ist kein Ersatz für gute Karriereentwicklung. Hier bietet sich Coaching eher an (s. o. III. Teil von W. Looss).
Solche und weitere Grenzen zu kennen, ist sowohl für den Auftraggeber als auch für den Berater sinnvoll, damit keine falschen Erwartungen durch »over-selling« geschaffen werden und die Professionalität eines ganzen Berufsfeldes in Verruf gerät.

Literatur
Antons, K. Angewandte Gruppendynamik, Göttingen, Hogrefe, 1980
Argyris, Ch. Defensive Routinen, in: Fatzer 1993
ders. Eingeübte Inkompetenz, in: Fatzer 1993
ders. Wenn gute Kommunikation das Lernen verhindert, in: Fatzer 1996
ders. Wissen in Aktion, Stuttgart, Klett Cotta, 1997

Beckhard, R. Organizational transitions,. Reading, Addison Wesley, 1987

ders. Changing the essence, San Francisco, Jossey Bass 1996

Bennis, W. Führungskräfte, Frankfurt, Campus 1995

ders. Führung lernen, Frankfurt, Campus 1996

Block, P. Erfolgreiche Beratung, Frankfurt, Campus 1997

Bobzien; M. et. al. Qualitätsmanagement. München, Sandmann, 1996

Bolender, S. (Hg.) Management-Trainer, Frankfurt, Campus 1998

Borsi, G.M. Das Krankenhaus als lernende Organisation, Heidelberg, Asanger, 1994

Bradford, L. et al. Sensitivity Gruppen, Stuttgart, Klett Cotta, 1965

Brown, G.I.; Merry, U. Neurotic Behavior of organizations, Cleveland, GIC Press 1992

Bunker, B.; Alban, B. Large Groups, San Francisco, Jossey Bss, 1997

Burke, W. W. Gestalt, OE und Systemtheorie, in: Gruppendynamik 4, 1983

ders. Organization Development, Reading, Addison Wesley, 1987

Cummings, Th. G. et al. Organization Development and Change, Minneapolis, West 1993

Dannemiller, K. Real Time Strategic Change, in: Journal of Applied Behavioral Science, 2, 1992

ders. Real Time Strategic Change, Workbook, 1996

Emery, M. Search Conference, San Francisco, Jossey Bass, 1996

Fatzer, G. (Hg.) Supervision und Beratung, Köln, EHP, 1990 (8. Aufl. 1998)

ders. (Hg.) Organisationsentwicklung für die Zukunft, Köln, EHP, 1993 (3. Aufl. 1999)

ders. (Hg.) OE und Supervision, Trias Kompaß 1, Köln, EHP, 1996 (2. Aufl. 1999)

ders.; Jansen H.H. Gruppe als Methode, Weinheim, Beltz, 1980

ders. Neue Entwicklungen der OE in den Vereinigten Staaten, in: Gruppendynamik 4, 1983 *ders.* Systemdenken als neues Paradigma der Arbeit mit Organisationen, in: Gruppendynamik 1, 1990a

ders. Ganzheitliches Lernen, Paderborn, Junfermann 1987 (5. neub. A. 1998)

ders.; Marsick, V. (Hg.) Lernende Organisation - Mythos oder Realität. Köln, EHP, Trias-Kompaß 3. 1999a

ders. Lernende Organisation - Mythos oder Realität. In: Hernsteiner 4, 1997

ders. et al. (Hg.) Schulentwicklung als Organisationsentwicklung. Trias-Kompaß 2, Köln, EHP, 1999b

ders. Gestaltansatz der Organisationsberatung: Kurt Lewin und Fritz Perls, in: Fuhr, R.; Sreckovic, M.; Gremmler-Fuhr, M. (Hg.): Handbuch der Gestalttherapie, Göttingen, Hogrefe, 1999

ders. Lernende Organisation, in: R. Kopp (Hg.): KVP als Motor der lernenden Organisation, Köln, Bachem 1998d

ders.; Massarik, F. Von der Gruppe zur Organisation: Das Vermächtnis von Kurt Lewin, Köln, EHP, 1999 (i.V.)

Fisher, U. Das Harvard-Konzept, Frankfurt, Campus, 1992

Forum Supervision Qualitätssicherung durch Supervision, Münster 1998

GOE Südwest Professionelles Qualitätsmanagement von OE-Beratung, int. Papier 1998

Grossmann, R.; Scala, K. Organisationsentwicklung im Krankenhaus, Weinheim 1997

Heintel, P. Zur Rolle des internen Beraters, in: Organisationsentwicklung 2, 1998

Herman, S.; Korenich, H. Authentic management, Reading, Addison Wesley, 1977

Herman, S. A Force of Ones, San Franzisco, Jossey Bass, 1994

Imai, K. Kaizen, Frankfurt/M., Campus 1994

Kleiner, A. The Age of Heretics, New York, Doubleday, 1997

Lewin, K. Lösung sozialer Konflikte, 1947

Lippitt, G. und L. Beratung als Prozess, Goch, Bratt 1980

Lohmer, M. Die Rolle des internen Beraters, in: Wimmer, R. et. al. Veränderungen in Organisationen, Gabler, 1994

Looss, W. Coaching für Manager (neu: Unter vier Augen), Landsberg, Mod. Industrie, 1991 (neu: 1997)

Marsick, V.; Watkins, K. Creating the Learning Organization, New York, ASTD, 1997

Massarik, F. The Legacy of Kurt Lewin, NTL Proceedings, 1997

Morgan, G. Bilder der Organisation; Stuttgart, Klett Cotta; 1997

ders. Imaginization, Stuttgart, Klett Cotta, 1997

Müri, P. Dreidimensional führen, Zürich, Ott, 1992

Nevis, E. Gestalt Awareness Prozess und Organisationsdiagnose, in: Gruppendynamik 4, 1983

ders. Organisationsberatung - ein Gestaltansatz, Köln, EHP, 1988 (3. A. 1998)

ders. Intentional revolutions, San Francisco, Jossey Bass, 1996

ders.; di Bella, T. How organizations learn, San Francisco, Jossey Bass 1997

Nonanka, T. Knowledge Creating Company, Chicago, 1997

Owen, H. Open space, San Francisco, Berrett und Kohler, 1992

Porras, J. Visionäre Unternehmen, Frankfurt/M., 1995

Rappe-Giesecke, K. Supervision, Berlin, Springer 1990 (2. A. 1994)

dies; Giesecke, M. Supervision als Medium der Sozialforschung, Frankfurt, Suhrkamp, 1997

Sackmann, S. Cultural knowledge in organizations, Sage, 1991

Salk, J. Zur Dynamik von Joint Ventures, in: Fatzer, 1996

Sattelberger, T. (Hg.) Personalentwicklung als Humanressource - Management im Umbruch, Wiesbaden, Gabler 1996

Schein, E.H. Process consultation, Bd. 1, Reading, Add. Wesley, 1987

ders. Process consultation, Bd. 2, Reading, Add. Wesley, 1988

ders. Organisationsberatung, in: Fatzer 1990

ders. Unternehmenskultur, Frankfurt, Campus 1992 (or. 1985) *ders.* Karriereanker, Frankfurt, LaLoSta, 1992

ders. Überleben im Wandel, Frankfurt, LaLoSta, 1994

Schütz, D. Der Fall der UBS, Zürich, Bilanz, 1998

Schwarz, G. Management von Non-Profit-Organisationen, Bern, Haupt, 1994

Senge, P. Fünfte Disziplin, Stuttgart, Klett Cotta, 1996

Senge, P. et al. Fieldbook zur fünften Disziplin, Stuttgart, Klett Cotta, 1996

Sülzer, R.; Zimmermann, A. Organisationen erkennen, Frankfurt/M., 1997

Susskind, L. Environmental Diplomacy, New York, 1994

Thurow, L. Zur Zukunft des Kapitalismus, Düsseldorf, Metropolitan, 1997

Tichy, N. The Transformational Leader, Stuttgart, Klett-Cotta, 1994

Timel, R. Die Wiener Schule, in: R. Kopp et al. (Hg.): Sozialwissenschaftliche Grundlagen von Organisationsberatung, Köln, Bachem, 1998

Titscher, S. Professionelle Beratung, Wien, Ueberreuter, 1997

Trebesch, K. (Hg.) OE in Europa, Bern, Haupt, 1980

Vansina, L. Business Process Re-Engineering, in: Fatzer, 1996

Waterman; Peters Spitzenunternmehmen, Frankfurt/M., Campus 1982

Weisbord, M. Future conference, San Francisco, Berrett Kohler, 1992

Wheeler, G. Kontakt und Widerstand, Köln, EHP, 1994

Zinker, J. Gestalttherapie als kreativer Prozess, Paderborn, Junfermann 1982

V. Teil
Für Sie gelesen
Neuerscheinungen zu Qualitätsmanagement, Supervision, Coaching und Organisationsentwicklung

Die folgenden Besprechungen sollen dem Leser Gelegenheit geben, einige ausgewählte Neuerscheinungen oder Übersetzungen kennenzulernen. Die Auswahl ist subjektiv und nennt Titel, die wir wertschätzen oder kritisch würdigen. Ähnlich wie mit dem gesamten Buch wollen wir auch bezüglich der großen Flut von Neuerscheinungen eine Orientierung geben, d.h. die Liste hat Hinweischarakter.

V. Anderson; L. Johnson   **System thinking basics.**
Cambridge, Pegasus
1997

Endlich eine gute Schritt-für-Schritt-Einführung in »System Dynamics« und »Systems thinking basics« von zwei Wissenschaftlerinnen/ Beraterinnen im Umkreis von Peter Senge, die den Systemansatz von den Konzepten bis zu den »System-Archetypen« darstellen. Hilfreich sind auch die erstklassigen Illustrationen und die guten Übungen. Ein Muß für alle systemischen Praktiker.

C. Argyris **Wissen in Aktion.**
Stuttgart, Klett-Cotta
1997

Es ist das Verdienst des Verlags, daß er das schwierige Werk von Chris Argyris, einem der geistigen Väter der »lernenden Organisation« übersetzt und herausgibt. Argyris zeigt an einigen seiner berühmten, akribisch dargestellten Fallstudien, wie er die Konzepte der Abstraktionsleiter (»Ladder of inference«), die »Linke Spalte Darstellung von Fallillustrationen«, die Konzepte der »eingeübten Inkompetenz« und der »defensiven Routinen« einsetzt. Zudem illustriert er dies an genauen Diagnosen von Organisationssituationen. Einige der Ausschnitte konnte man schon in den Publikationen der EHP-ORGANISATION lesen. Es wäre wünschenswert, wenn dieses Buch nicht nur die Manager, sondern auch die Wissenschaftler erreichen könnte. Hier werden einige der Unterstellungen, die Argyris gegenüber gemacht wurden, korrigiert. Die Reichhaltigkeit des Materials ehrt einen der Mitbegründer des Feldes der Organisationsentwicklung. Eine lang erwartete Übersetzung.

M. Bobzien; W. Stark; F. Straus **Qualitätsmanagement.**
Alling, Sandmann
1996

Eines der besten Werke in der großen und umfangreichen Literatur zum Qualitätsmanagement. Besondere Anerkennung verdient das Herausgebertrio dafür, das Gedankengut von Total Quality Management, das eigentlich aus dem Industriebereich stammt, auf den sozialen und öffentlichen Bereich übertragen zu haben. Ausgesprochen gut ist die kritische Rezeption der ISO-Zertifizierungen. Es wird aufgezeigt, daß diese Zertifizierungen zumeist nur noch wenig mit Qualität zu tun haben, sehr oft aber dem Beratungsbereich, wo sich einige Institute und Qualitätsberater eine goldene Nase verdienen, Tür und Tor öffnen. Historisch schön dargestellt ist die Herkunft der Qualitätsidee und deren mögliche Übertragung auf neue Kontexte, hier vor allem ein Qualitätskonzept für Kommunen. Das »Münchner Modell« stellen die Autoren detailliert und graphisch reichhaltig dar. Sie zeigen damit die schrittweise Implementierung des Konzepts »Kundenorientierung« in einer Dienstleistungsorganisation und dokumentieren damit seine Anwendung im Sozial- und Gesundheitsbereich. Diese Prozeß-Schritte sowie in dem Zusammenhang wichtige Instrumente sind anschaulich dargestellt. Ein rundum empfehlenswertes Buch.

S. Bolender (Hg.)   **Management Trainer.**
Frankfurt/M., Campus
1998

Die Herausgeberin ist Inhaberin einer Trainerrepräsentanz und hat den Versuch unternommen, für Managementtrainings aller Sparten eine Sammlung von grundlegenden Hinweisen zu Eigenschaften von guten Trainern und Vorgehensweisen für Auftraggeber und Trainer erstellen zu lassen. Schade, daß die Herausgeberin nur schreiben läßt, offensichtlich traut sie sich das selbst nicht zu. Die verschiedenen Beiträge sind grundsätzlich nützlich und beschreiben die verschiedenen Aspekte des Trainingsgeschäfts - angefangen von rechtlichen Fragen über die Auswahl geeigneter Trainer bis hin zum weiten Feld der »Weiterbildung« und deren Trends, einer Landschaft, wo ein ähnlicher Wildwuchs und Qualitätsunterschied zu beobachten ist wie im Beratungsbereich. Allerdings haben die Beiträge etwas beliebiges und befinden sich auf dem Niveau gewisser Managementzeitschriften. Das gleiche läßt sich über die Anforderungsprofile renommierter Firmen an externe Trainer sagen, ein wichtiges Ansinnen, das aber in der Ausführung sorgfältiger hätte sein können. Die Liste der Trainerinnen und Trainer ist sicher interessant, aber die Kriterien für ihre Auswahl bleiben undurchsichtig. Es kann der Eindruck entstehen, daß hier schnell ein Buch zu einem aktuellen Thema aus dem Boden gestampft werden mußte. Schade.

B. Bunker; B. Alban   **Large groups.**
San Francisco, Jossey Bass
1997

Das momentan beste Buch über Großgruppen und Großgruppen-Interventionen, geschrieben von zwei bekannten NTL-Repräsentantinnen und Fakultätsmitgliedern des TRIAS-Instituts, die in unserem Boston-Programm tätig waren. Interessant an dem Buch ist die kenntnisreiche und illustrative Darstellung der historischen Wurzeln der Großgruppeninterventionen im Werk von Ron Lippitt vom National Training Lab (NTL). Statt der üblichen und bei uns jetzt auch schon vermarkteten Form (Open space, Future search) werden die insgesamt 12 wichtigsten Großgruppenmethoden vorgestellt und kritisch verglichen. Durch die professionell angelegte Systematik werden Vergleiche möglich, so daß man nicht Gefahr läuft, einfach auf der neuesten Trendwelle mitzuschwimmen. Ein äußerst fundiertes Buch von zwei altbewährten Gruppendynamikerinnen und Akademikerinnen/Managerinnen.

M. Emery; R. E. Purser   **The search conference.**
San Francisco, Jossey Bass
1996

Ich kann dieses Buch nur vorbehaltlos empfehlen. Es ist geschrieben von der charismatischen Gattin des Mitbegründers der Zukunftskonferenz Fred Emery, nämlich Merrelyn. Dabei zeigt sie zusammen mit ihrem Co-Autor auf, daß dieses Verfahren, welches heute zu einem harmlosen Freizeitsport für Berater und Betroffene degradiert wird, einen eminent politischen Hintergrund hat, nämlich die Bewegung der »Industrial democracy«, die ihren Ursprung in England und in den Ansätzen zum soziotechnischen System von Eric Trist und Fred Emery hat. Es wird gezeigt, daß dieses Verfahren primär für »Community action« eingesetzt wurde und eigentlich erst in zweiter Linie im Rahmen von Wirtschaftskonzernen implementierbar ist. In einem separaten Abschnitt werden die konkreten Schritte der Methode aufgezeigt und an Fallbeispielen illustriert. Besonders eindrücklich auch das Kapitel von Fred Emery, der davor warnt, daß man die Zukunftskonferenz nur als einen neuen methodischen Trick der OE-Berater nimmt, was heute leider zunehmend eintritt. Ein Buch, das voll auf der Linie unseres Denkens und Engagements steht.

H. D. Engelhardt; P. Graf; **Organisationsentwicklung.**
G. Schwarz **Alling, Sandmann**
   1996

Eine weitere nützliche Publikation in einer interessanten neuen Reihe. Didaktisch und visuell gut zusammengetragen. Gibt einen schnellen Überblick für den Manager und gestreßten Berater. Absolut empfehlenswert!

H. P. Fischer (Hg.) **Die Kultur der schwarzen**
   Zahlen. Stuttgart, Klett-Cotta
   1997

Das »Fieldbook« der Unternehmenstransformation bei Mercedes Benz stellt in Anlehnung an Peter Senges Fieldbook das gesamte Material dar, das bei der Transformation der verschiedenen Unternehmensbereiche in einem der Vorzeigeunternehmen der deutschen Industrie entwickelt und verwendet wurde. Sympathisch, daß H.P. Fischer das ganze als klare Teamleistung ausweist, ein Faktum, das bei Peter Senge des öfteren vergessen wird. Bei dem Buch ist es außerdem so, daß Fischer im Gegensatz zu Senge keinen Ghostwriter eingesetzt hat. »Die Kultur der Schwarzen Zahlen« ist ein eindrückliches Fallbeispiel eines Groß-Unternehmens auf dem Weg zur lernenden Organisation. Jeder Change-Manager oder Berater erhält hier einen Einblick in die Komplexität der Systemtransformation. Positiv hervorzuheben sind auch die guten Illustrationen und der flüssige Schreibstil. Absolut empfehlenswert.

Forum Supervision

Qualitätssicherung durch
Supervision - Qualität von
Supervision.
Hg. von G. Leuschner;
W. Weigand. Tübingen,
Ed. Diskord
1998

Ein Sammelband der Konferenz »Qualität von Supervision« in Celle mit Beiträgen aus allen Plenar- und Arbeitsgruppenveranstaltungen. Dieses Werk stellt die Qualitätsdiskussion sehr differenziert dar und dokumentiert die reichhaltigen Perspektiven, die von den verschiedenen Vertretern der unterschiedlichen Supervisions- und Beratungsansätze und -methoden aufgezeigt werden. Ein übergreifendes Thema bildet die Schwierigkeit, mit Kunden in Kontakt zu kommen. Insgesamt eine empfehlenswerte Grundlektüre.

D. Hartkemeyer; L. Dhority

Miteinander denken.
Das Geheimnis des Dialogs.
Stuttgart, Klett-Cotta
1998

Das erste deutsche Buch zum Dialog, aber sicher nicht die erste deutsche Publikation, da wir schon diverse Beiträge von W.I. Isaacs, Peter Senge und Ed Schein in unserem Trias-Kompaß 1 (EHP-ORGA-NISATION) 1996 publizierten, die allerdings vom Herausgeberteam ignoriert wurden. Ein interessantes Lesebuch zum Thema, informativ, aber sehr unsystematisch. Diverse Interviews mit W. I. Isaacs, Peter Senge und Dana Zohar sind informativ. Ärgerlich finde ich die Tatsache, daß die Kapitel 3 bis 6 fast wortwörtlich aus den Materialien unserer langjährigen Begleiter W. I. Isaacs und David Kantor abgeschrieben sind - eine sehr unlautere Vorgehensweise, die die Leser an Isaacs' Original überprüfen können. Die zusätzlichen Kapitel über den Dialog im sozialen Kontext, in der Schule, in Organisationen, in der

Politik und in der Oekologie sind interessant und spannend. Ein notwendiger Start einer Reihe von Publikationen über ein zentrales Thema der OE der Zukunft. Allerdings empfehlen wir, sich den Publikationen von W.I. Isaacs zuzuwenden, einem der wichtigsten Repräsentanten von Dialog.

L. Hirschhorn	**Reworking authority.**
	Cambridge, MIT Press
	1997

Larry Hirschhorn ist einer der Begleiter unseres internationalen Trias-Programms. Spannend an seinem neuen Buch ist die Kombination von Psychoanalyse, Tavistock-Ansatz, Psychodynamik und Unternehmenskulturentwicklung, in dem der Autor sein Modell von Arbeit, Aufgabe, Risiko, Angst, Unsicherheit vorstellt. Er geht dabei in Richtung der Defensiven Routinen von Chris Argyris, die er aber um wichtige unbewußte psychoanalytische Komponenten erweitert. Besonders kunstvoll und essayistisch anregend sind Larrys Fallbeispiele, in denen er die Kunst der Einzelfallbeschreibung bis zur Meisterschaft treibt. Ich würde Hirschhorn durchaus neben Kets de Vries stellen, obwohl er viel weniger bekannt ist. Das Buch wird von unserem Kollegen Wolfgang Looss übersetzt und in Kürze in seinem Verlag (Lanzenberger, Looss, Stadelmann) herausgegeben.

J. Howaldt; R. Kopp (Hg.)	**Sozialwissenschaftliche**
	Organisationsberatung.
	Berlin, Sigma
	1998

Eine Dokumentation aller Beiträge einer wissenschaftlichen Tagung gleichen Titels in Dortmund. Das Verdienst der beiden Herausgeber besteht darin, auf die sozialwissenschaftlichen Wurzeln von Organisationsentwicklung hinzuweisen. Sehr detailliert werden in einem ersten Teil die Facetten des Verhältnisses von Sozialwissenschaften und

Organisationsentwicklung konturiert. Leider ist bei uns die OE nirgends wissenschaftlich verortet. Ausgangspunkt für die beiden Herausgeber bildet die Frage, warum Arbeitswissenschaftler und Industriesoziologen eigentlich nicht mehr über OE wissen, da ihre Tätigkeit in der Forschung große Parallelen zu den wissenschaftlichen Ursprüngen von OE im Sinne Lewins (Aktionsforschung, Feldforschung) hat. In einem zweiten Teil werden Tendenzen und Konzepte der Unternehmens- und Organisationsberatung skizziert - eine schöne Ergänzung zu dem hier von uns vorgelegten Buch. Im dritten und vierten Teil wird das Spezifische von industriesoziologischen und arbeitswissenschaftlichen Fragestellungen an Fallbeispielen herausgearbeitet. Eine sehr empfehlenswerte Lektüre.

R. Königswieser; A. Exner   **Systemische Intervention. Stuttgart, Klett-Cotta 1998**

Nun haben auch die Neuwaldegger ihr Kochbuch geschrieben! Das Ganze wird untertitelt mit 'Architekturen', was vor allem den Managern zeigen soll, daß Veränderungsprojekte aufgebaut oder geplant werden können wie Bauwerke. Eine schöne Metapher, aber im Sinne von Garath Morgan ist und bleibt es eine Metapher. Die Grundlagen systemischer Intervention werden didaktisch schön aufgebaut dargestellt Die Interventionen sind langsam etwas in die Jahre gekommen und leicht verstaubt. Man fragt sich tatsächlich, ob die Organisationsentwicklung der neunziger Jahre immer noch nicht weiter gekommen ist als die Familientherapieintervention der siebziger Jahre. Da konzeptionell und theoretisch immer noch auf die strukturkonservative Systemtheorie von Luhmann zurückgegriffen wird, wirkt vieles altbekannt. Das Interventionsdesign wirkt kreativ, ich hätte mir allerdings öfters gewünscht, daß auf die wirklichen Quellen hingewiesen wird. Daß am Schluß bei der Literaturliste primär auf die Publikationen aus den eigenen Reihen hingewiesen wird, läßt den Schluß zu, daß sich hier offenbar eine Familie oder ein Clan präsentiert. Im ganzen gesehen eine nützliche Publikation, wobei ich den Neuwaldeggern hoch anrechne, daß sie sich so offen in die Karten schauen lassen. Die Publikation ist witzig und auch genügend augenzwinkernd selbstironisch. Ein Muß für alle eingefleischten Systemiker!

G. Morgan

1. Bilder der Organisation
2. Löwe, Qualle, Pinguin.
Imaginieren als Kunst
der Veränderung
beide: Stuttgart, Klett-Cotta
1997

Auch in diesem Fall kann man den Verlag nur beglückwünschen für die längst fällige Übersetzung des Klassikers *Images of organizations* und des Nachfolgebandes *Imaginization* des Autors Gareth Morgan: zwei der kreativsten Bücher über Organisationen! Als Frucht aus seiner fast zehnjährigen Arbeit zeigt Morgan, daß Metaphern die Grundlage von Fühlen und Wahrnehmen in Organisationen bilden. Er weist nach, daß die Bilder der Organisation die Sprache und das Denken von Menschen in Organisationen bestimmen. Das Werk ist grundlegend für das Thema Lernende Organisation, da es entwickelt, wie Diagnosen der Ist- und Soll-Situation einer Organisation durchgeführt werden können. Die Bilder der Organisation zeigen in metaphorischer Form, welches mentale Modell (nach Peter Senge) das Verhalten und Denken der Mitarbeiter bestimmt. Das zweite Buch (org.: *Imaginization*) zeigt die Technologie oder das Handwerkszeug der Diagnose. Hier hätte man den ursprünglichen Titel erhalten sollen, da er sehr viel klarer als der jetzige ist. Beide Bücher ein absolutes Muß!

W. B. Reddy   **Prozeßberatung von**
                                   Kleingruppen.
                                   Leonberg, Rosenberger
                                   1997

Wer die konkrete Beschreibung von Prozeßberatung (neben den beiden nicht übersetzten Klassikern von Ed Schein) sucht - hier ist sie! Reddy gelingt es, in enger Anlehnung an unseren TRIAS-Mentor Ed Schein, die Merkmale von Prozeßberatung in Gruppen und Teams zu charakterisieren. Er illustriert, welche Dimensionen in einer Gruppe oder in einem Team zählen und durch einen guten Prozeßberater oder -begleiter aufzugreifen sind. Sehr erhellend ist die konkrete Beschreibung des Ablaufs einer Prozeßberatung in Gruppen inklusive Einstieg und den eigentlichen Interventionen. Diese werden zu den einzelnen Entwicklungsphasen einer Arbeitsgruppe in Bezug gesetzt Außerdem nennt Reddy Eigenschaften und Fähigkeiten eines guten Prozeßberaters, was ja auch der Zielsetzung unseres Buches entspricht. Die Prozeßberatung wird in den Kontext der Organisation eingebettet, etwas, was in der Praxis häufig fehlt und zu Widersprüchen führt. Ein Muß sowohl für Berater als auch für Auftraggeber-Organisationen.

S. A. Sackman (Ed.)   **Cultural complexity in**
                                   organizations. London, Sage
                                   1997

Ein sehr empfehlenswerter Sammelband der Mitherausgeberin von EHP-ORGANISATION über die verschiedensten Aspekte von Organisationskultur. Im ersten Teil werden Studien, Fallbeispiele und Forschungsresultate zur Kultur auf einem nationalen Level dargestellt. Die drei Beiträge bringen Fallstudien aus Südkorea, Ost-West-Europa (nämlich Slowenien) und der Türkei. Im zweiten Teil werden Kulturen auf der Ebene der Organisationskultur präsentiert. Diese sind so gegensätzlich wie Westküsten-Firmenkultur, Schweizerische Lesegesellschaft, Vergnügungspark und Hewlett Packard. Der dritte Teil zeigt die dritte Konkretisierungsstufe von Organisationskultur, nämlich den suborganisationellen Teil oder die Subkulturen. Hier stammen die Fallbeispiele aus einer Schweizer Großbank, der finnischen Papierindustrie, einer japanischen Produktionsfirma in Großbritannien und einer südafrikanischen Firmengruppe. Der vierte Teil erläutert Ethnizität als immer wichtiger werdender Faktor von Kulturzugehörigkeit, und zwar über alle Organisationsgrenzen hinweg. Insgesamt also ein sehr empfehlenswertes Buch für Berater, da es zeigt, wie sensibel der Bereich Kultur in einer Organisation verstanden und behandelt werden muß. Durch die Forschungsorientierung zeigt es auch wichtige Aspekte unseres Buchthemas *Qualität und Leistung von Beratung* auf.

Th. Sattelberger (Hg.) **Human Resource Management im Umbruch. Wiesbaden, Gabler 1996**

Ein neuer Sammelband unseres geschätzten Kollegen Sattelberger. Wie immer ist die Zusammenstellung der Beiträge interessant bis provokativ und gefällt auch in der wilden Mischung zwischen deutschen und englischen Texten. Von der Führungskräfteentwicklung, einer klassischen Startperspektive, über die Betrachtung des Kontextes von Systemen, nämlich Restrukturierung und Schrumpfung, kommt der dritte Teil zur Betrachtung der Personalentwicklung und Organisationsentwicklung. Hier sind einige Beiträge interessant und neu, wie der von W. Looss über den Gegensatz von 'Machtlogiken' und 'Lernlogiken'; anderes ist schon bekannt, wie die Typisierungen von Neuberger und Rieckmann. Der letzte Teil widmet sich den Architekturen des Lernens, den Blaupausen und Mosaiksteinen. De Geus bringt einen Voreinblick in seine »Living company« und der Herausgeber referiert über PE in internationalen Kontexten. Ein buntes und gelungenes, anregendes Buch.

S. Titscher   **Professionelle Beratung.**
                                   Wien, Ueberreuter
                                   1997

Der Untertitel »Was beide Seiten vorher wissen solten« zeigt den
Anspruch des Buches, als Ratgeber für Auftraggeber zu dienen. Diesen Anspruch löst Titscher, ein ehemaliges Mitglied der Beratergruppe
Neuwaldegg in Wien, in den meisten Teilen ein. Die ersten drei Teile
beschreiben die Grundlagen und Typen von Beratung, schön dargestellt, solide, allerdings kaum neues. Im vierten Teil werden Methoden
der Diagnose oder Intervention erläutert, auch dies ist nützlich. Die
Teile fünf bis acht (Beratungsbeginn, Auswahl von Beratern, Erfolg in
der Beratung, Fragen) zeigen, daß der Autor neben wissenschaftlichen
Grundlagen auch die praktische Seite des Metiers Beratung be-
herrscht. Insgesamt kann man sich hier dem Urteil Rudolf Wimmers,
eines ehemaligen TRIAS-Netzwerkkollegen anschließen: nicht um-
werfend, aber nützlich. Ergänzt unser eigenes Buch *Qualität und
Leistung von Beratung* gut.

M. Weisbord; S. Janoff   **Future search.**
                                   San Francisco,
                                   Berrett Kohler
                                   1995

Das zweite Buch über Zukunftskonferenz in unserem Literaturüber-
blick, diesmal von einem Schüler und Adapteur von Lippitt und
Lewin, der hier eine wertvolle Sammlung praktischer Vorgehensweisen zur Zukunftskonferenz vorlegt. Ich finde das Ganze extrem anregend und gelungen, zumal ich Weisbord als einen der großen Vertreter
der Gründergeneration von OE schätze. Unbedingt empfehlenswert!

Sach- und Personenregister

Abstraktionsleiter 180
Aktionsforschung 133, 138
Akzeptanz 16
Alban, B. 153, 182
Ambivalenzen 34
Anderson, V. 179
Anlaß 110
Arbeitsbündnis 121
Arbeitsdefinition 109
Argyris, C. 18, 19, 95, 143, 149, 153, 180
Arzt-Patient-Beratung 21
Arzt-Patient-Modell 57
Auftraggeber 8
Ausbildungssupervision 28, 45, 47
Ausprobieren 17
Auswertung 75
Balint, M. 28, 91
Bateson, G. 12, 18
Beckhard, R. 10, 11, 134, 136
Belardi, N. 91
Benne, K. 134
Bennis, W. 134, 147
Berater
  Anforderungen 9, 165, 169
  externer 147
  Fähigkeiten 162
  interner 147
  Kenntnisse 161
  Kompetenz 168
Berater-Pool 129
Beratung 7, 10, 125
  Erfolgskriterien 158
Beratungsarchitektur 167
Beratungsbeziehung 121
Beratungsklient 116, 117
Beratungsprozeß 56
Beratungsverlauf 122
Berker, P. 92, 95
Berufsberater 115
Berufsbiographie 35
Betroffene 120
Beziehung, beraterische 121
Beziehungsdiagnostik 28
Bilder der Organisation 187
Biographie der Organisation 35
Bobzien, M. 145, 180
Bolender, S. 181
Borsi, G. M. 172
Bradford, L. 134
Brown, G. I. 143
Bunker, B. 153, 182
Burke, W. W. 136
Business Re-Engineering 135, 144

Business-Kompetenz 166
Chaos 34
Chapman, P. 13
Checkliste 60
   für die Leitung 61
   für Ratsuchende 62
   für SupervisorInnen 63
Chin, P. 134
Coach 107, 125
Coaching 8, 9, 54, 105, 106,
109, 111, 121, 153, 167, 170
   Anlaß 126
   Einleiten 120
   gutes 117
   Inhalt 111
Coch, L. 138
Collier, D. 138
Corporate Identity 94
Corporate Identity-Prozeß 53
Cummings, Th. G. 135
Dannemiller, K. 134, 140, 153
Definition 109, 135
Denken, systemisch-prozeß-
orientiertes 170
Dhority, L. D. 184
Dialog 30, 92, 184
Diebäcker, H. 171
Differenz 12
Dinosaurier-Organisationen 16
Dreiecksverträge 66
Eck, C. D. 94
Einsicht 16

Einstellungen 163
Einzelberater, gute 124
Einzelberatung 108, 115, 117,
120
   rollenbezogene 110
   verschiedene Typen 112
Einzelsupervision 70
Emery, F. 139
Emery, M. 153, 182
Engelhardt, H. D. 183
Entwicklungsorganisationen
172
Entwicklungsprozeß 13
Erfahrungswissenschaft 125
Ergebnis 123
Ergebnisqualität 76, 81, 158,
159
Erkenntnis 17
Erstkontakt 58
Ethik 148
Ethnomethodologie 133
Exner, A. 186
Expertenberatung 9, 21, 136
Expertenmodell 57
Fachberater 169
Fähigkeiten 87, 162
Fallarbeit 68
Fatzer, G. 7, 94, 133, 144, 179
Feldforschung 133
Feldtheorie 12
Fieldbook 183
Fischer, H. P. 183

Fisher, U. 147
Forrester, J. 149
Fortbildung 36
Forum Supervision 184
French, W. L. 138
Führung 147
Führungskräfte 109
Fusionen 13
Gebert, D. 154
Gefühlsgefährte 114
Geissler, J. 105
Gesundheitswesen 172
Giesecke, M. 30, 40, 56
Glasl, F. 36, 140, 154, 156
Globalisierung 145, 166
Gnädinger, H. 95
GOE 140, 157, 158
Gotthardt-Lorenz, A. 91
Götz, W. 165
Graf, P. 183
Grenzen 87
Großgruppenansätze 140
Großgruppenbereich 152
Großgruppenmethoden 134
Grossmann, R. 172
Grundhaltung, humanistische 134
Grundmodelle von Beratung 21, 22
Grundmodelle von Organisationsberatung 22
Grundmodelle von Organisationsentwicklung 22
Gruppen
    Prozeßberatung 174
Gruppendynamik 134, 140
Gruppensupervision 29, 71
Günther, J. 105
Haller, S. 126
Hantschk, I. 94
Harrison, R. 94
Hartkemeyer, D. H. 184
Hauslehrer 115
Hege, M. 93
Heintel, P. 141, 147
Hilfe zur Selbsthilfe 89
Hirschhorn, L. 185
Hofnarr 112
Hofsteede, G. 147
Horkheimer, M. 140
Howaldt, J. 185
Humanisierung der Arbeitswelt 139
Imai, K. 146
Inkompetenz, eingeübte 18, 180
Institutionalisierung 136
Institutionsanalyse 68
Instruktion 36, 37, 38, 40
Instrumentierung 167
Inszenierungen des Falles 71
Integration 18
Intervention 142
Isaacs, W. 31, 92

Ist-Zustand 12, 13
Janoff, S. 190
Johnson, L. 179
Joint Ventures 13
Jupp, J. 13
Kaizen 146
Karriereplanung 5
Kenntnisse 161
Kleiner, A. 136
Kolb, D. A. 93
Kompetenz 167
Kompetenz, feldbezogene 124
Kompetenz, methodische 124
Kompetenz, personale 124
Kompetenzen von guten SupervisorInnen 86
Kompetenz von guten Beratern 168
Kompetenzportfolio 166
Komplexität des Beratungssystems 79
Komplexitätsreduktion 33
Konfliktlösung 147
König, O. 152
Königswieser, R. 93, 186
Kontakt 141
Kontaktprozeß 119
Kontrakt 65, 67
Kopp, R. 146, 185
Kräftefeld 12
Kultur 21
Kunden 8

Kutscher 107
KVP (Kontinuierlicher Verbesserungs-Prozeß) 48, 144
KVP-Projekte 12
Laboratoriumsmethode 137
Landkarte 10, 14, 20, 21, 135
Laufbahnberatung 167
Large groups 182
Lean Management 135
Leffers, C.-J. 91
Leitfaden 9
Lernende Organisation s. Organisation, lernende
Lernfähige Organisation s. Organisation, lernfähige
Lernfähigkeit 143
Lernkurve 13
Lernprozesse 167
Lewin, K. 12, 13, 18, 59, 133, 138, 154, 155
Lievegood, B. 36, 140
Likert, R. 138
Lindner, T. 140
Lippitt, G. und R. 134, 154, 155
Lohmer, M. 147
Looss, W. 54, 105, 111, 124, 153, 157, 164, 173
Macht 148
Margulies 141
Marrow, A. A. 134, 138
Marsick, V. 144, 149, 153

Massarik, F. 133, 138
Mediation 147
Meinhold, M. 76
Mentoring 167
Methoden, systemische 152
Methodenkompetenz 84, 160
Minimalforderungen 124
Mintzberg 36
Modell
  von Lewin 154
  von Lippitt 154
Modell, mentales 13, 20, 30, 94, 153
Modell, systemisches 13
Morgan, G. 20, 187
Müri, P. 147
National Training Labs 134
Nevis, E. 134, 136, 137, 141, 161
Nichtlernen 18
Niese, S. 9, 159, 165
Nonaka, T. 144
Non-Profit-Organisationen 172
Open Space 134
Organisation, lernende 30, 37, 144, 148, 149
Organisation, lernfähige 7, 136
Organisation, Umfeld 143
Organisationsberater, Qualitätskriterien 160
Organisationsbilder 20, 21
Organisationsdetektive 134

Organisationsentwicklung 8, 9, 21, 90, 91, 92, 133, 135, 136, 137, 170, 172, 183
  Annahmen 141
  Beratung 157
  Grenzen 172
  Prozeßphasen 153
  systemische Methoden 152
  Um-Orientierung 144
Organisationskultur 21, 188
Organisations-Scout 113
Organisationssupervision 29
Owen, H. 134
Paradigma, systemisches 81
Paradoxie 34, 42, 57, 90
Performance Assessments 167
Perls, F. 141
Personal(entwicklungs)abteilung 131
Personalentwickler 120
Personalentwicklung 8, 43, 93, 167
Peters, T. 145
Pfeiler 137
Phasenmodelle 153, 154
  von Gebert 154
  von Glasl 154
Philosophie 137
Polster, E. 143
Porras, J. 145
Präsenz 142
primary task 32, 53, 92

Problemanlaß 12
Problemdiagnose 58, 64
Probleme, organisatorische 119
Professional Community 140
Prozeß 136
Prozeßberater 169, 168, 169, 188
Prozeßberatung 9, 21, 55, 134, 188
    Gruppen 168, 188
Prozeßberatungsmodell 57
Prozeßqualität 76, 79, 158, 159
Pühl, H. 95
Purser, R. E. 182
Qualität 7, 78, 126
Qualitätskriterien von Organisationsentwicklung 144
Qualitätsmanagement 7, 157, 158, 180
Qualitätsmerkmale 160
Qualitätsstandard 157
Quality of Work Life 138
Rappe-Giesecke, K. 27, 30, 40, 44, 46, 56, 67, 160, 164
Real Time Strategic Change 153
Reddy, W. B. 168, 169, 188
Ressource SupervisorIn 86
Ressourcen, materielle 76
Ressourcen, personelle 76, 77
Rice, K. 32, 92
Richter, C. 85

Rolle, berufliche 118, 119
Rolle, marginale 141
Rollenverteilung 119
Routinen, defensive 18, 19, 143, 180
RTSC (Real Time Strategic Change) 134
Rückkopplung 75
Sackman, S. A. 92, 145, 188
Salk, J. 147
Sattelberger, Th. 167, 173, 189
Schein, E. 21, 22, 23, 133, 134, 145, 149
Schlüsselkompetenz 9, 84, 160
Schneider, K. 96
Schock 15
Schreyögg, A. 124
Schuhanzieher 113
Schulentwicklung 7, 172
Schütz, D. 146
Schwarz, G. 172, 183
Search Conference 153, 182
Selbstanalyse 83
Selbsterfahrung 36, 38, 40
Selbstkompetenz 85, 160
Selbstreflexionsfähigkeit 90
Selbstthematisierung 49
Senge, P. 10, 92, 144, 148, 153
Sicht, interne 165
Siegers, F. 93
Soll-Zustand 12, 13
Sondierungsgespräche 59

Sozialkompetenz 85, 160
Sozialtechnologie 134
Sparringspartner 113
Stabilisierung 136
Steuerung 147
Strategie 136
Struktur 34, 136
Strukturen der Organisation 76
Strukturqualität 76, 158, 159
Sülzer, R. 172
Supervision 8, 9, 27, 36, 40, 44, 46, 170, 171, 184
   administrative 27
   andragogische 36
   berufsbegleitende 45, 49
   Definition 44
   fachlich-beratende 27
   Grenzen 41
   Instruktion 40
   klientenbezogene 49
   kooperationsbezogene 51
   in Organisationen 29
   Organisationsentwicklung 47
   Qualität 95, 184
   Qualitätsstandard 75
   rollenbezogene 53
   Selbsterfahrung 40
   Team 60, 66, 67, 170
   Wurzeln 27
   Ziel 30, 31
Supervisionsprozeß 68
   Phasen 55

Supervisionsvarianten 44
Supervisor, administrativer 27
Survey Feedback 138
Susskind, L. 147
System, ganzes 135
Takeuchi, H. 144
Tavistock Klinik 92
Teamentwicklung 170, 171
Teamsupervision 60, 67, 72
Themen, weiche 166
Tichy, N. 147
Tiefgang 110
Timel, R. 140
Titscher, S. 190
TQM (Total Quality Management) 7, 12, 136, 144, 145
Trainingsgruppenbewegung 137
Trebesch, K. 140
Triple loop-Lernen 31, 92
Trist, E. 138
Umfeld 128
Unternehmenskultur 145
Vansina, L. 135, 145
Veränderung
   von Einstellungen 82
   von Haltungen 82
Veränderungskurve 13, 14, 154
Veränderungslandkarte 10, 139
Veränderungslandkarte von Beckhard 11
Veränderungsmechanismen 149

Veränderungsopfer 117
Veränderungsprozeß 13
Veränderungstäter 116
Verbesserungsprozesse, kontinuierliche 136
Verneinung 15
Vertrag 67, 121
Verwaltungsreform 172
Vorgehensweise, partizipative 145
Vorgesetzte 120
Wandel, geplanter 136
Waterman, R. 145
Weichspüler 114
Weigand, W. 94
Weisbord, M. 134, 153, 190
Wheeler, G. 142
White, R. 138
Widauer, H. 96
Widerstand 142
Wieringa, C. 91
Wissen 86
Wissensmanagement 144
Womack, D. 135
Zimmermann, A. 172
Zukunftskonferenz 134, 139, 153

Albert Koopman

»Transcultural Management«

Ein umweltorientiertes Modell interkultureller
Organisationsberatung

Koopman vermittelt in diesem Buch, daß eine gesunde wirtschaftliche und politische Entwicklung hin zur rational geprägten Organisationsform auf die Kombination von Unternehmergeist und »Kommunalität«, Bürokratie und Demokratie angewiesen ist, ganz gleich, ob
es sich um öffentliche oder um private Einrichtungen handelt. Ihm
geht es nicht nur um ein freies Unternehmertum, sondern um die
Befreiung desselben, genauso wie es ihm nicht nur um die politische
Demokratie, sondern auch um die industrielle Demokratie geht. Dieser Standpunkt ist wesentlich ausgewogener als der, den die Hüter der
überlieferten Marktweisheit vertreten. Ein Modell für Osteuropa?!
Weltweit scheiterten viele Kooperationen, weil sie rational organisierte wirtschaftliche Strukturen auf eine schlecht passende Unterlage
pfropfen wollten. Darüber hinaus verstellten ihnen oft ideologische
Dogmen den Blick für die Wichtigkeit stahlharten Unternehmertums.
An seine Stelle setzten sie hartherzigen Totalitarismus.
Der Südafrikaner Koopman dagegen schuf in seiner Firma *Cashbuild*
bürokratische »harte« und demokratische »weiche« Elemente auf
dem schon bereiteten Fundament aus Unternehmergeist und Kommunalität.

Edwin C. Nevis

Organisationsberatung
— Ein Gestalttherapeutischer Ansatz —

aus dem Amerikanischen von Thea Brandt
fachliche Überarbeitung Martina Gremmler-Fuhr

Sich beziehend auf seine langjährige Erfahrung als Organisationsberater und Gestalttherapeut formuliert Edwin C. Nevis einen originellen Ansatz zur Organisationsberatung, wobei ihm als Grundlage das gestalttherapeutische Konzept der Bewußtheit und des Kontaktprozesses (»Zyklus des Erlebens«) dient. Weiterhin befaßt sich der Autor mit der praktischen Anwendung seines Ansatzes in der Organisationsberatung auf allen Systemebenen.

»Ich empfehle dieses Buch als eine gelungene Integration der Gestalttherapie und der Organisationsentwicklung.«

Prof. William Latta, Ph. D.

Lewis Yablonsky

Der Charme des Geldes

»Money makes the world go round.«

»Die Reichen sind anders...«, sagte F. Scott Fitzgerald. Hemingway unterbrach ihn: »...richtig, sie haben mehr Geld!«

Unser Alltag ist maßgeblich vom Geld bestimmt. Ohne Geld kommt niemand aus, sei er arm oder reich. Den größten Teil des Tages widmen wir dem Geldverdienen; und bei allem, was wir tun, spielt Geld immer eine Rolle. Dies führt zwangsläufig zu einer starken gefühlsmäßigen Einstellung zum individuellen Einkommen, zu dem damit finanzierbaren Lebensstil und zum allgemeinen Umgang mit Geld. Finden Sie heraus, welcher der vom Autor vorgestellten »Geld-Stile« Ihrer persönlichen Einstellung zum Geld am nächsten kommt und wie gesund Ihre eigene Beziehung zum Geld ist. Anhand vieler Beispiele und Interviews untersucht Lewis Yablonsky Reiche und Arme, Kriminelle, Künstler und Angehörige der helfenden Berufe und ihre Einstellung zum Geld. Warum wollen manche Reiche immer reicher werden? Warum empfinden manche Arme Geld als Belastung? Dieses Buch ist nicht nur eine umfassende Darstellung der psychologischen Bedeutung des Geldes, sondern bietet auch Ratschläge für eine psychisch gesündere Einstellung zum Geld, die einen Beitrag zur Lösung großer gesellschaftlicher Probleme leisten könnten. Dazu zählen psychischer Streß, Ehestreitigkeiten, berufliche Probleme, Konflikte zwischen Eltern und Kindern, Kriege aus wirtschaftlichen Interessen und destruktive wirtschaftliche Konkurrenz.

Peter Frenzel / Peter F. Schmid / Marietta Winkler (Hrsg.)

Handbuch der Personzentrierten Psychotherapie

Mit einer Einleitung von Carl R. Rogers

Dieses Buch bietet eine umfassende Darstellung der Personzentrierten Einzelpsychotherapie. Es werden bereits erarbeitete Positionen beschrieben und argumentiert, aber auch anstehende Fragen für die weitere Forschung aufgeworfen. Die Autorinnen und Autoren befassen sich auch mit Themen, die zwar in der allgemeinen psychotherapeutischen Diskussion immer wieder vorkommen, im personzentrierten Kontext aber bislang keine oder wenig Beachtung fanden; so wird auch die Eigenständigkeit der Personzentrierten Psychotherapie dokumentiert und eine Abgrenzung gegenüber anderen psychotherapeutischen Ansätzen vorgenommen. Dazu werden in den einzelnen Beiträgen zunächst (oft provokante) Thesen formuliert, die dann ausführlich begründet und in der Auseinandersetzung mit der existierenden Literatur (insbesondere mit den Werken von Carl Rogers) diskutiert werden.

Ein ausführliches Personen- und Sachregister und eine umfangreiche Bibliographie machen dieses Buch zu einem unentbehrlichen Handbuch — also zu einem neuen Meilenstein auf dem Gebiet der Personzentrierten Psychotherapie.

John Keith Wood

Menschliches Dasein als Miteinandersein

— Gruppenarbeit nach personenzentrierten Ansätzen —

Das Buch von John K. Wood bringt einen Überblick über Erfahrungen und Auffassungen in der personenzentrierten Arbeit von Zweiergruppen und von Kleingruppen, wie sie neuerdings in den USA und in Brasilien vorliegen. Völlig neu für die europäischen Leser dürfte der dritte Hauptteil des Buches sein, in dem sie mit den sog. »Communities for Learning« bekanntgemacht werden. Es handelt sich hier um Großgruppen von 40 - 800 Mitgliedern bei nur 4 - 5 »Veranstaltern«, so daß in der Interaktion dieser Gemeinschaften die Mitglieder zu höchster Eigeninitiative aufgerufen sind.

Der Verfasser, über viele Jahre enger Mitarbeiter von Carl Rogers, zählt zu den wenigen Pionieren dieser großen Lerngemeinschaften voller Wagnisse und unerwarteter Ergebnisse.

»Es gibt wenige, die so viel zum personenzentrierten Ansatz zu sagen hätten wie John K. Wood.«

Carl R. Rogers

Gordon Wheeler

Kontakt und Widerstand

Ein neuer Zugang zur Gestalttherapie

In diesem Buch untersucht und revidiert Gordon Wheeler zentrale Konzepte der theoretischen Grundlagen der Gestalttherapie. Bei aller Wertschätzung für die Begründer der Gestalttherapie stellt Wheeler fest, daß das vorherrschende Gestalt-Modell zu figurzentriert sei, also mehr der Veränderung der Kontaktfiguren im Augenblick diene als der Neuorganisation der Strukturen des Grundes. Durch eine Akzentverlagerung vom Vordergrund des Kontaktgeschehens auf die Strukturen des Grundes wird ein Neuverständnis der Widerstandsformen im Kontaktprozeß möglich. Anhand ausführlicher Falldarstellungen aus dem Bereich der Psychotherapie, der Organisationsberatung und der therapeutischen Ausbildung verdeutlicht Wheeler, wie mit Hilfe dieses Neuverständnisses Verzerrungen in der Entwicklung der Gestalttherapie überwunden und damit ganz neue Möglichkeiten für bisher schwer lösbare theoretische und praktische Probleme gefunden werden können.

Gary M. Yontef

Awareness, Dialog, Prozess: Wege zu einer relationalen Gestalttherapie

»Ich betrachte die gestalttherapeutische Theorie und Praxis als ein lebendiges System. Und als solches geht es entweder Verbindungen ein, wächst und entwickelt sich, oder aber es bleibt statisch, kreist um sich selbst und stagniert. Sich auf die Welt so einzulassen, daß neue Entwicklungen gefördert werden, ist ein entscheidender, unverzichtbarer Aspekt der gestalttherapeutischen Theorie. Nur wenn wir uns als Gestalttherapeuten und -theoretiker dialogisch engagieren, nur wenn wir uns einlassen auf den Dialog mit Patienten, mit anderen Denksystemen und Methoden, wenn wir auf die sich wandelnden Bedingungen in der Welt zugehen, nur dann können wir Verstehen fördern.

Theorie als Dialog ist das systematische geistige Fundament unserer klinischen Praxis. Die dialogische Theorie ist ein Weg, die therapeutische Beziehung und das experimentelle Vorgehen zu stützen; beide, die therapeutische Beziehung wie das Experimentieren, werden in der gestalttherapeutischen Theorie als Dialog gesehen. Theorie ist schriftliches und systematisch-verstandesmäßiges Rechenschaftgeben; Theorie erwächst aus menschlicher Beziehung.«

»Gary Yontefs Buch ist die bedeutsamste Ergänzung des Bestandes der Gestalttherapie-Literatur in den letzten zwanzig Jahren ... wird mit Sicherheit zum Grundlagentext in allen Gestalttherapie-Ausbildungen.«

The Gestalt Journal

Maurice Friedman

Der Heilende Dialog in der Psychotherapie

»Ich empfehle dieses Buch all jenen, deren Anliegen die zwischenmenschliche Begegnung ist...« Lyman C. Wynne

Maurice Friedmans besonderes Anliegen in diesem Buch ist, der Art und Weise nachzugehen, wie Heilung durch Begegnung im psychotherapeutischen Dialog zustande kommt. Jede Form von Therapie lebt in größerem oder geringerem Maß von der Begegnung zwischen Therapeut/in und Klient/in, aber nur wenige Theorien haben die Begegnung — das was sich »dazwischen« ereignet — als zentrale und nicht als untergeordnete Quelle der Heilung begriffen. Der Autor zeigt auf, welch weitreichenden Einfluß Martin Bubers Konzepte des Dialogs, der Bestätigung und der Grundwörter Ich-Du und Ich-Es auf verschiedene Psychotherapieschulen ausübten. Friedman stellt eine Reihe bedeutender Psychotherapeuten/innen vor und setzt sie mit den Grundannahmen ihrer Schulen in Bezug, insofern als sie sich unmittelbar auf das Heilen durch Begegnung und Bestätigung auswirken.

Jeffrey A. Kottler / Diane S. Blau

Wenn Therapeuten irren

– Versagen als Chance –

Die Autoren zeigen in diesem Buch, wie Psychotherapeuten ihr eigenes Versagen erleben und welche Möglichkeiten es gibt, Unvollkommenheiten zu konfrontieren und gleichzeitig produktiv zu arbeiten. Sie beschreiben, wie die Bereitschaft, Fehler zuzugeben und zu reflektieren, Irrtümer offen mit Kollegen zu diskutieren und Versagen als Gelegenheit zum Lernen zu sehen, Therapeuten auf allen Ebenen der Praxis helfen kann, ihre Arbeit besser einzuschätzen und ihre Leistung zu verbessern.

Anhand ihrer eigenen Erfahrungen und offener Mitteilungen bekannter Psychotherapeuten über ihre Fehler sowie von Fallstudien aus der psychotherapeutischen Literatur zeigen die Autoren auf, wie die Wahrnehmung der eigenen Fehler durch unrealistische Erwartungen und Perfektionismus beeinflußt wird. Sie untersuchen die Ängste in Bezug auf berufliche Effektivität, Behandlungsergebnisse und rechtliche Risiken und skizzieren dann die gängigen Mechanismen zur Vermeidung einer Konfrontation mit der eigenen Verletzbarkeit der Psychotherapeuten, wie z. B. Verleugnung des Versagens, Überarbeitung, Isolierung und Drogenmißbrauch.

Die Beschreibung gängiger Anfängerfehler, z. B. schlecht getimte Interventionen und mangelnde Grenzziehung, sowie Fehler prominenter Praktiker wie Albert Ellis, James F. T. Bugental und Richard Fisch zeigt, was in der Psychotherapie alles schiefgehen kann, wie die Ängste von Klienten und Psychotherapeuten sich gegenseitig verstärken, wie die Angst vor Wutausbrüchen, Therapieabbrüchen und Selbstmorddrohungen die Behandlung unterminieren kann – und welche Möglichkeiten es gibt, mit solchen Ängsten umzugehen und sich persönlich und beruflich weiterzuentwickeln.

Bill Roller / Vivian Nelson

Die Kunst der Co-Therapie

Ein Handbuch für die Teamarbeit von Psychotherapeuten

Die meisten Psychotherapeuten arbeiten irgendwann als Co-Therapeuten, vor allen Dingen in der Gruppen- und Familientherapie. Ständig wächst die Bedeutung dieser psychotherapeutischen Zusammenarbeit und entsprechend wächst deshalb das Bedürfnis nach sachkundiger Anleitung. Das vorliegende Handbuch vermittelt erstmals grundlegende Kenntnisse der co-therapeutischen Arbeit. »Die Kunst der Co-Therapie« ist das erste Buch, das nicht nur die Klärung der Beziehung zwischen Therapeut und Klient beschreibt, sondern auch die Klärung der Beziehung der Co-Therapeuten zueinander und die therapeutischen Möglichkeiten, die sich aus der erfolgreichen Gestaltung dieser Beziehung ergeben. Ausführlich widmen sich die Autoren dem Aufbau der co-therapeutischen Beziehung, wobei sie die Bedingungen und Chancen für deren Gelingen herausarbeiten. In diesem Buch sind Beiträge von Virginia Satir, Mary und Robert Goulding, James M. Dugo und Ariadne P. Beck enthalten.»Ein lesenswertes Buch und eine gelungene Mischung aus Praxisnähe, professioneller Aufrichtigkeit und den Erträgen klinischer Forschung. Das Ergebnis ist eine exzellente Einführung in die Kunst der Co-Therapie.«

Carl A. Whitaker